Ritter/Lapp
Die Grenze
Ein deutsches Bauwerk

Halt!
Hier
Grenze
Bundesgrenzschutz

Jürgen Ritter
Peter Joachim Lapp

Die Grenze

Ein deutsches Bauwerk

Mit einem Geleitwort von Rainer Eppelmann
und einem Beitrag von Ulrich Schacht

Ch. Links Verlag, Berlin

Für die Kinder Torben, Wiebke und Inke,
die diese Grenze nie erlebt haben.

Die Deutsche Bibliothek - CIP-Einheitsaufnahme

Die Grenze: ein deutsches Bauwerk
Jürgen Ritter; Peter Joachim Lapp. – 4. Aufl. – Berlin: Links, 2001
ISBN 3-86153-162-3

4. Auflage, Juni 2001

Schönhauser Allee 36, 10435 Berlin, Tel. (030) 44 02 32-0
www.linksverlag.de; mail@linksverlag.de

Umschlaggestaltung: KahaneDesign, Berlin,
unter Verwendung eines Fotos von Jürgen Ritter
Satz und Lithos: LVD GmbH, Berlin
Druck und Bindung: Universitätsdruckerei Stürtz, Würzburg

ISBN 3-86153-162-3

Inhaltsverzeichnis

Als die Mauer fiel, fiel das System ihr nach

Geleitwort von Rainer Eppelmann

Die Berliner Mauer – der »antifaschistische Schutzwall«, wie wir in der DDR lange Zeit angehalten wurden zu sagen – und die hermetisch geschlossene innerdeutsche Grenze waren mehr als 1550 km Betonplattenwand und Metallgitterzaun mit Signaldrähten, Todesstreifen und Hundelaufanlagen, mit Lichtsperren, Wachtürmen, Unterständen und Sperrgräben und zeitweise mit Minenfeldern und Selbstschußanlagen. Sie waren, politisch gesehen, ein entscheidendes Instrument der Diktatur, die notwendige Voraussetzung der Eine-Partei-Herrschaft der SED.

Als die Mauer in Berlin 1961 errichtet wurde – parallel dazu wurden die seit 1952 errichteten innerdeutschen Grenzsperranlagen weiter ausgebaut –, stand das SED-Regime auf einem neuerlichen Höhepunkt einer mehr als zehnjährigen Dauerkrise. Der 1952 proklamierte, tatsächlich schon vorher begonnene »Aufbau des Sozialismus« mit seinen Zwangs- und Kampfmaßnahmen – gegen wirtschaftlich Selbständige, gegen die bürgerliche Intelligenz, gegen Kirchenangehörige, vor allem in den Jungen Gemeinden, gegen Landwirte, die sich der Kollektivierung widersetzten –, mit den daraus folgenden wirtschaftlichen Mangelerscheinungen für die ganze Bevölkerung und mit allen Schritten der Gleichschaltung des politischen und gesellschaftlichen Lebens hatte ein Klima der inneren Unzufriedenheit geschaffen, das mit dem Volksaufstand vom Juni 1953 nur eine vorübergehende und erfolglose Entladung gefunden hatte.

Klar war allerdings schon damals: Der Anspruch, mit dem die SED angetreten war, in der DDR den Kern- und Musterstaat für das künftige Gesamtdeutschland zu gestalten, war schon nach kurzer Zeit durch die eigene Bevölkerung offen widerlegt. Kaum, daß das Regime sich überhaupt auf den Füßen halten konnte – nein, schon gar nicht auf den eigenen, sondern auf denen des »Großen Bruders«, ohne dessen Einschreiten sich der »Erste Arbeiter-und-Bauern-Staat auf deutschem Boden« schon damals aus der Geschichte verabschiedet hätte. Bertolt Brecht gab in einem Gedicht, das er allerdings vorsichtshalber unveröffentlicht ließ, den Ratschlag, die Regierung könnte doch das Volk auflösen und ein anderes wählen. Die Regierung fand einen anderen Ausweg: Als das Volk nicht aufhörte, seiner Unzufriedenheit durch massenhafte Abwanderung Ausdruck zu geben – mehr als 3,5 Millionen Flüchtlinge verließen die SBZ/DDR vom Kriegsende bis zum August 1961 –, sperrte sie es ein.

Ich sehe es noch heute vor mir, wie ich mit meiner Mutter und meinen Geschwistern ein paar Wochen nach dem 13. August auf der Heinrich-Heine-Straße stand, um unseren Vater zu sehen. Er winkte uns von einem der auf der Westseite aufgebauten Holztürme zu; zwischen uns waren ein paar Meter Mauer und Stacheldraht. Berliner Ärzte berichteten in der Folgezeit von der »Mauerkrankheit«, einer depressiv-resignativen Gemütsverfassung, die manche Menschen ergriff, die in der Nähe dieses Bauwerks wohnten. Die Mauer und die abgeschottete Grenze haben nicht nur Berlin und Deutschland geteilt, sondern auch Familien getrennt, Verwandtschafts- und Freundschaftsbeziehungen durchschnitten und vielfaches menschliches Leid verursacht.

Vorausgegangen war die zweite Berlin-Krise, mit der die Sowjetunion versucht hatte, den Gordischen Knoten West-Berlin – das Schaufenster und Schlupfloch des

Westens inmitten der DDR – zu durchhauen und die Westmächte ultimativ aus der Stadt zu verdrängen. Als dies, dank der schließlich wiedergefundenen Stärke und Einigkeit der drei Westmächte und der Bundesregierung, mißlang, erlaubte sie ihrem Satellitenstaat die Absperrung West-Berlins als Ausweg – weltpolitisch gesehen, die »kleine« Lösung der Krise; für die Menschen in der DDR die Verurteilung zu lebenslanger sozialistischer Lagerhaft.

Wir alle, die wir in der DDR lebten, waren davon betroffen. Nicht nur die, die den Versuch der Flucht trotzdem wagten und dabei ums Leben kamen – erschossen, von Boden- und Splitterminen getötet, in der Ostsee ertrunken; für die Zeit von 1961 bis 1989 hat die Zentrale Ermittlungsstelle Regierungs- und Vereinigungskriminalität in Berlin über 500 Todesopfer des Grenzregimes ermittelt, andere Schätzungen liegen höher – oder die etwa doppelt so vielen, die dabei Verletzungen davontrugen. »Indem sie (ihren) Auftrag stets zuverlässig erfüllten, leisteten sie (die Grenzsicherungsorgane der DDR – R.E.) einen Beitrag zur Entwicklung des realen Humanismus«, schrieb 1986 in zweifellos unbeabsichtigter Selbstironie ein Oberstleutnant der DDR-Grenztruppen.

Betroffen waren auch nicht nur die, die bei einem Fluchtversuch gefangengenommen wurden, dann gemäß § 213 des DDR-Strafgesetzbuches (»Ungesetzlicher Grenzübertritt«) Haftstrafen bis zu zwei, in »schweren Fällen«, die bei Bedarf leicht konstruiert werden konnten, bis zu acht Jahren zudiktiert bekamen und erst nach Teilverbüßung der Haft eventuell durch »Freikauf« in den Westen gelangten.

Betroffen waren wir alle, denn erst mit der hermetischen Abriegelung der Grenzen wurde die SED unumschränkter Herr im besetzten Haus. Erst jetzt, als es keine Möglichkeit mehr gab, sich dem Druck der Partei erfolgreich zu widersetzen, auf sein baldiges Ende zu hoffen oder sich ihm durch Flucht zu entziehen, konnte die Partei in vollem Umfang ihren Anspruch durchsetzen: die führende Rolle in Politik, Wirtschaft und Gesellschaft, die Funktion des allgegenwärtigen Vormunds, der Bildungs- und Berufschancen, Entfaltungs-, Reise- und Freizeitmöglichkeiten, kurz: der Lebenschancen nach Belieben und nach politischer Zweckmäßigkeit verteilen und verweigern konnte. Wir in der DDR lebten in dem Bewußtsein: Das System lebt länger als du; es gibt vor ihm kein Ausweichen. Wer überleben wollte, sah sich vor der Notwendigkeit sich anzupassen.

Der Staat schien stabilisiert. Der Flüchtlingsstrom war unterbrochen, die Abgrenzung nach Westen, unter der das System allein gedeihen konnte, vollzogen. Die SED konnte – durch Erziehung und Propaganda, durch Druck und Lockung, bei Bedarf auch durch geheimpolizeiliche Verfolgung oder Zersetzung – die Bürger zu Untertanen schrumpfen, die sich willig oder doch wenigstens ohne Gegenwehr der Führung durch die Parteispitze unterwarfen. Ja, noch mehr: Die Geiselnahme der eigenen Bevölkerung erlaubte es, auch im innerdeutschen Systemkonflikt, im Verhältnis zu dem konkurrierenden deutschen Staat, Erpressungsgeschäfte zu machen und menschliche Erleichterungen, vor allem Reisemöglichkeiten für die eigenen Einwohner, von politischen oder finanziellen Gegenleistungen der Bundesrepublik abhängig zu machen. So konnte es bleiben – so mußte es bleiben, wenn dieser Staat seine prekäre Stabilität aufrechterhalten wollte. Die Annahme, die DDR hätte – bei im übrigen unveränderter Politik – durch bloße Entschärfung des Grenzregimes, durch großzügigere Gewährung von Reisemöglichkeiten ihre Existenz auf Dauer sichern können, halte ich für einen Irrtum.

Keine der Erklärungen, die die Machthaber vor 1989 und zum Teil auch rückblickend zur Existenz der Mauer machten, ist ernst zu nehmen. Daß der »antifaschistische Schutzwall« – schon das Wort eine Absurdität – dazu gedient habe, einen geplanten Angriff westlicher Truppen abzuwehren, werden wohl nicht einmal die Spitzenfunktionäre der SED geglaubt haben – obgleich NVA und MfS noch bis kurz vor 1989 ihre eigenen

Pläne zur Besetzung und Verwaltung West-Berlins fortschrieben. Auch die Behauptung, es habe sich um eine »normale« internationale Grenze gehandelt, hält nicht stand – wobei die SED-Führer das Wort »normal« und seine Ableitungen oft und gern gebraucht haben, offensichtlich bemüht, die tiefe Anomalie, die die Lage des geteilten Deutschland kennzeichnete, sprachlich zu verdecken. Gerade diese Grenzbefestigung, die sich nach innen, gegen die eigene Bevölkerung richtete – dergleichen gibt es sonst nur bei Haftanstalten und ähnlichem –, zeigte, daß diese Grenze eben keineswegs »normal« war.

Man hört gelegentlich die Entschuldigung, auch von früheren führenden Staats- und Parteifunktionären der DDR, die Mauer sei notwendig gewesen, weil nur durch sie die Existenz des Systems überhaupt habe gesichert werden können. Die Tatsachenfeststellung ist richtig, aber was ist damit gerechtfertigt? Läßt sich über einen Staat ein vernichtenderes Urteil fällen als dies, daß er nur durch das Einsperren seiner Einwohner überlebensfähig war?

Damit ist zugleich die Behauptung beantwortet, die Mauer habe den Frieden und die Stabilität in Europa gesichert. Denn was bedrohte die Stabilität in Europa? Der Westen nicht, er hatte schon 1953 und beim Ungarnaufstand 1956 gezeigt, daß er die Grenze zum sowjetischen Kontrollbereich nicht einmal dann überschritt, wenn er über Rundfunk darum gebeten wurde. Was die Lage in Europa instabil machte, war die Entschlossenheit der machthabenden kommunistischen Parteien im sowjetischen Kontrollbereich, ihren Völkern das stalinistische System auch gegen deren immer wieder demonstrierten Willen aufzuzwingen. Niemand hat die SED und ihre sowjetische Schutzmacht dazu genötigt, in ihrem Machtbereich Deutschlands ein Regime zu errichten, vor dem die Menschen scharenweise davonliefen. Indem sie es mit Gewalt stabilisierten, lösten sie ein Problem, das ohne sie gar nicht existiert hätte.

Aber die Stabilisierung blieb äußerlich. Gewiß, die Menschen arrangierten sich mit dem System, weil sie keine Wahl hatten – teils mit größerer, teils mit geringerer Anpassungsbereitschaft, nur wenige lösten sich von der Angst, damit meist auch von weiterführenden beruflichen Aussichten –, und versuchten auch unter diesen Bedingungen den aufrechten Gang. Für viele Menschen lag der vertretbare Weg darin, in die Privatheit der Datschen, Familien, Freundeskreise, soweit möglich, auszuweichen, für eine in den 80er Jahren wieder wachsende Zahl im Stellen eines Ausreiseantrags. Die Stabilität des Staates beruhte bei der Mehrheit der DDR-Einwohner nicht auf wirklicher Zustimmung, sondern auf Angst oder Resignation, und Erich Honecker hatte recht – auch wenn er es vermutlich anders gemeint hat –, als er noch im Januar 1989 auf die weiterbestehenden Bedingungen hinwies, die zur Errichtung der Mauer geführt hatten.

Seine zeitliche Prognose, die Mauer werde notfalls noch hundert Jahre stehen, erwies sich dann jedoch als ungenau. In dem Augenblick, da der Eiserne Vorhang Rostlöcher bekam, als die eigentliche Existenzgrundlage der DDR, die durch die Sowjetunion gegebene Existenzgarantie, entzogen wurde und damit ganz neue Möglichkeiten denkbar wurden, ja gar in Reichweite kamen, wo die Opposition kleiner Gruppen sich zum Massenprotest weitete und weder die SED-Herrschaft noch die Teilung Deutschlands mehr als unverrückbare Gegebenheiten erschienen, bestätigte sich, daß es der SED auch im Schatten der Mauer nicht gelungen war, eine stabile Ordnung zu schaffen. Mehr noch: Sie hatte durch ihre Politik der Abschottung, Lenkung und Kontrolle eine Grundlage, ohne die eine moderne Gesellschaft nicht existieren kann – eine geistige Atmosphäre von Selbstbewußtsein und Spontaneität, von Kreativität und Offenheit –, systematisch zerstört. Als die Mauer fiel, fiel das System ihr nach.

Es ist gut und notwendig, sich dieses monströse Bauwerk, in dem sich die Teilung Deutschlands, die Gewaltsamkeit der SED-Diktatur, aber auch die innere Haltlosigkeit eines vorwiegend auf Gewaltanwendung oder -androhung gestützten Regimes gleichermaßen symbolisieren, aufs neue in Erinnerung zu rufen. Die Fakten und Bilder, die auf den folgenden Seiten über die einstigen innerdeutschen Grenzbefestigungen vorgestellt werden, veranschaulichen aufs deutlichste den Charakter der untergegangenen DDR. Sie unterstützen damit auf ihre Weise zugleich die Aussage, die der Bundestag bei der Entgegennahme des Berichtes der vorigen Enquete-Kommission gemacht hat: »Zu den geistigen Grundlagen einer innerlich gefestigten Demokratie gehört ein von der Gesellschaft getragener antitotalitärer Konsens. Nichts rechtfertigt Entmündigung und Unterdrückung von Menschen. (...) Diktatur ist und bleibt illegitim. Das Credo demokratischer Politik nach 1945 ›Nie wieder Krieg von deutschem Boden, nie wieder Diktatur auf deutschem Boden‹, bleibt bestehen. Dies bedeutet die Absage an jedwede Form totalitärer Ideologien, Programme, Parteien und Bewegungen.«

Ein monströses, häßliches Bauwerk
Vorwort der Autoren

Einige Jahre nach der Wende in der DDR verblaßt die Erinnerung an die Berliner Mauer und die innerdeutsche Grenze. Was früher eine milliardenschwere Dauerbaustelle der DDR war, ist heute weitgehend in Vergessenheit geraten, die Sperranlagen sind geschleift und verschwunden.

Historiker, Regional- und Heimatforscher sowie viele Politiker aller Parteien bemühen sich inzwischen darum, die Restbestände der Anlagen des DDR-Grenzregimes zu erhalten und zu sichern, nachdem sie zunächst – aus durchaus verständlichen Gründen – einer gewissen Zerstörungswut ausgesetzt waren. Nach Jahrzehnten der Teilung wollte man von den Überbleibseln dieser Grenze nichts mehr wissen. Inzwischen setzte ein Umdenken ein, auch wenn die finanziellen Mittel diesbezüglich nur bescheiden fließen. Zum Glück retteten Privatinitiativen manche Anlage und viele Gegenstände.

Erinnerung muß sich festmachen an Dinglichkeiten, ohne diese Materialität wird sie bekanntlich unmöglich. Der vorliegende Bild-Text-Band will mithelfen, derartige Erinnerungen zu ermöglichen. Nicht vergessen werden soll, daß an dieser Grenze bis 1989 Menschen starben. Hunderte. Zehntausende Soldaten bewachten die Menschen auf DDR-Seite und wurden dazu angehalten, notfalls auf sie zu schießen. Mitten in Deutschland, mitten im Frieden.

Die Fotos zeigen, wie ganze Landschaften von Sperranlagen zerschnitten, Dörfer und Familien geteilt wurden. Dabei war 1945 zunächst nur eine Verwaltungsgrenze zwischen Besatzungszonen vorgesehen, keine Staatsgrenze, schon gar nicht eine »Weltengrenze«, zu der sie schließlich im Kalten Krieg wurde. Bürger in Deutschland, in West und Ost, haben dieses Bauwerk nie angenommen, sahen in ihm mehrheitlich ein Gebilde, das im Ergebnis des II. Weltkrieges von den Besatzungsmächten installiert worden ist, eine »Grenze besonderer Art« zwischen zwei Staaten in Deutschland, die nicht allein aufgrund eigenen Willens neben- und gegeneinander geschaffen wurden. Optimisten sahen in ihr eine »Grenze auf Zeit«, Realisten brachten uns bei, mit ihr zu leben und sie durchlässig zu machen, Pessimisten wollten uns überzeugen, sie als unabänderlich hinzunehmen, denn sie sei nur durch Krieg zu verändern oder abzuschaffen.

Es ist zum Glück anders gekommen.

Bilder und Text dieses Buches machen noch einmal deutlich, welchen Aufwand die DDR getrieben hat, Bürger des eigenen Landes an der Flucht in den Westen zu hindern. Denn diese Grenze, in Berlin auch als »Antifaschistischer Schutzwall« bezeichnet, richtete sich primär nie nach außen, gegen den »Klassenfeind«, sondern vorwiegend »freundwärts«, gegen die eigenen Leute. Waffen und Grenztechnik waren ganz darauf abgestellt, Grenzübertritte von Ost nach West zu vereiteln.

Diese Grenze war in ihrer Monstrosität immer ein häßliches Bauwerk, auch wenn die DDR-Offiziellen teilweise stolz waren auf ihr perfektionistisches Abschottungssystem und ihre »modernen« Anlagen. Doch auch vielen Kommunisten war die Mauer unangenehm. Selbst Nikita Chruschtschow räumte einst ein, daß die Mauer eine häßliche Sache sei.

Letztlich hat diese Art der Grenzsicherung der DDR politisch eher geschadet, auch wenn sie ihr zeitweise das Überleben garantiert haben mag. Nach Abschluß des Grundlagenvertrages mit der Bundesrepublik und der Unterzeichnung der KSZE-Schlußakte in Helsinki Mitte der 70er Jahre wäre die Chance gegeben gewesen, die alte Sicherheitsdoktrin zu überdenken und die Zustände an der innerdeutschen Grenze und in Berlin zu ändern. Berechenbare Reise- und Ausreisemöglichkeiten für alle DDR-Bürger hätten dieses Grenzregime überflüssig gemacht und nicht zum späteren Massenexodus über Drittstaaten geführt, womöglich wäre sogar das Ende der DDR nicht derart schnell eingetreten.

Der vorliegende Band stellt das System der DDR-Grenzsicherung, zumal das der letzten zwei Jahrzehnte, in den Mittelpunkt. Anhand von Bildern, Texten und Dokumenten soll deutlich werden, wie mit deutscher Gründlichkeit versucht wurde, jedwedes ungenehmigte Verlassen der DDR in Richtung Westen zu verhindern. Fallbeispiele erläutern darüber hinaus einzelne Schicksale, die mit dieser Grenze verbunden sind. Schließlich wird die Frage diskutiert, wie die Grenzvergangenheit angemessen aufgearbeitet werden kann. Es wird von den Verfahren gegen leitende Partei- und Staatsfunktionäre sowie Grenzoffiziere der DDR berichtet, und es werden neu entstandene Grenzmuseen und private Initiativen vorgestellt.

Der vorliegende Bild-Text-Band ist keine komplette Geschichte der innerdeutschen Grenze, der Grenzbevölkerung und der Menschen, die sie bewachten. Ein solch umfassendes Werk ist erst noch zu schreiben. Es ist vielmehr eine rückblickende Bestandsaufnahme, erarbeitet von zwei Westdeutschen, die über Jahrzehnte mit dieser Grenze befaßt waren. Jürgen Ritter hat die DDR-Grenzanlagen zehntausendfach fotografiert und Ausstellungen darüber organisiert sowie ehemaligen DDR-Bürgern geholfen, die über die Grenze in den Westen gelangten. Peter Joachim Lapp hat als Redakteur des Deutschlandfunk übergetretene Grenzsoldaten und -offiziere interviewt und über die Grenztruppen der DDR publiziert.

Bleibt zu hoffen, daß es eine derartige Grenze in Deutschland nie wieder geben wird.

Barum bei Uelzen,
Bornheim bei Bonn,
Juli 1997

Kleine politische Geschichte der innerdeutschen Grenze

Historiker, Politiker und Schriftsteller haben immer wieder darauf hingewiesen, daß die Geschichte der innerdeutschen Grenze und der Berliner Mauer nicht mit dem 13. August 1961 beginnt, sondern mit den Vordaten, dem 30. Januar 1933 und dem 1. September 1939. Ohne das sogenannte Dritte Reich, ohne die Nationalsozialisten und den von ihnen entfachten II. Weltkrieg wäre Deutschland nicht besetzt und gespalten worden.

Schon viele Monate vor der Kapitulation der Deutschen Wehrmacht am 8. Mai 1945 legten die Alliierten bzw. die Anti-Hitler-Koalition am 12. September 1944 fest, Deutschland nach dem Sieg in Besatzungszonen und Berlin, die Hauptstadt, in Sektoren aufzuteilen. Diese Zonen und Sektoren sollten jeweils von den drei Siegermächten USA, Großbritannien und UdSSR verwaltet werden. Später wurde auch Frankreich eine eigene Besatzungszone sowie ein Sektor in Berlin zugestanden.[1]

Während zunächst davon ausgegangen wurde, daß jede Siegermacht ihre Zone völlig selbständig verwaltet, wurde dann während der Potsdamer Konferenz am 2. August 1945 festgelegt, daß die wirtschaftliche Einheit Deutschlands zu wahren sei, weshalb auch gemeinsame Zentralverwaltungen tätig werden sollten. Ein alliierter Kontrollrat sollte diese überwachen und zugleich gewährleisten, daß das besetzte Land zonen- und sektorenübergreifend regiert werden konnte. Doch die unterschiedlichen Interessen der westlichen Alliierten und der sowjetischen Besatzungsmacht gingen zu weit auseinander, um eine wirtschaftliche Einheit Deutschlands zu gewährleisten. Die jeweiligen Militärregierungen verfuhren in ihren Besatzungszonen immer intensiver nach eigenem Gutdünken.[2] Während die drei westlichen Alliierten wirtschaftliche und politische Verhältnisse nach ihren Traditionen schaffen wollten, bemühte sich die Sowjetische Militäradministration in Deutschland (SMAD) darum, sozialökonomische Bedingungen in der Sowjetischen Besatzungszone (SBZ) zu schaffen, die eine Entwicklung in Richtung Volksdemokratie ermöglichten, weshalb auch die 1945 wiedergegründete Kommunistische Partei Deutschlands (KPD) und ab 1946 nach ihrem Zusammenschluß mit der Sozialdemokratischen Partei (SPD) die Sozialistische Einheitspartei Deutschlands (SED) einseitig unterstützt wurden.[3]

Die Grenzen der Besatzungszonen und die Sektorengrenzen in Berlin orientierten sich an den alten Landesgrenzen bzw. Stadtbezirksgrenzen. Sie wurden zunächst lediglich als Verwaltungsgrenzen angesehen und blieben grundsätzlich offen. Über diese Linien strömten 1945/46 Millionen Menschen: Ausgesiedelte aus den Ostgebieten des Reiches (Ostpreußen, Pommern und Schlesien) auf der Suche nach einer neuen Heimat, Bewohner der Sowjetischen Zone in Richtung Westen. Allein 1,6 Millionen Deutsche kamen zwischen Oktober 1945 und Juni 1946 aus der SBZ in die Britische Zone.[4]
Diese Ost-West-Wanderung war von Anfang an um ein Vielfaches größer als die West-Ost-Bewegung und sollte es bis 1961 auch bleiben, was die Wirtschaft und Verwaltung im Osten Deutschlands erheblich beeinträchtigte. (In den 50er Jahren kamen allerdings auch zahlreiche Rückkehrer in den Osten, die zuvor in den Westen Deutschlands geflüchtet waren. Etwa 20 % von ihnen gingen dann abermals in den Westen.) Um des »illegalen Personen- und Warenverkehrs« Herr zu

Potsdamer Konferenz der alliierten Siegermächte: Stalin, Truman und Churchill bekräftigen die im Londoner Protokoll von 1944 festgelegte Aufteilung Deutschlands in Besatzungszonen, Juli 1945.

werden, wurde am 30. Juni 1946 durch eine von der SMAD geforderte Kontrollratsverordnung erstmals die Zonengrenze zwischen der SBZ und den drei Westzonen für vier Monate gesperrt.[5] Den privaten Reiseverkehr zwischen den vier Besatzungszonen regelten die Alliierten dann durch die Kontrollratsdirektive Nr. 43 vom 29.10.1946, die mit der Direktive Nr. 49 am 23.4.1947 noch einmal präzisiert wurde. Nunmehr mußten die Menschen Interzonenpässe bei den Besatzungsbehörden beantragen, die eine Geltungsdauer von nur 30 Tagen hatten und für dringende familiäre wie geschäftliche Angelegenheiten ausgestellt wurden. Die Genehmigungspraxis in der Sowjetischen Zone war, aus naheliegenden Gründen, recht restriktiv. SBZ-Bewohner konnten jedoch – wenn sie nicht den illegalen Weg über die seinerzeit schwach bewachte innerdeutsche Demarkationslinie (Grüne Grenze) wählten – den Westen über die Sektorengrenze in Berlin erreichen, die bis August 1961 geöffnet blieb.

Dies war möglich, da Groß-Berlin immer als ein Sondergebilde im besetzten Deutschland galt und einen sogenannten Vier-Mächte-Status hatte. Damit war Westberlin offiziell nie ein Teil der BRD und der Ostteil der Stadt nicht Teil der DDR. (Entgegen diesen Festlegungen wurde Ostberlin aber zunehmend in die Verwaltungsstruktur der DDR eingebaut.[6]) Bis zum 13. August 1961 konnten auf diese Weise Zehntausende von Berlinern im West- oder im Ostteil der Stadt als sogenannte Grenzgänger arbeiten, was entlang der innerdeutschen Grenze längst nicht mehr möglich war.

Den endgültigen Bruch zwischen den Alliierten löste am 21. Juni 1948 die einseitige Währungsreform in den Westzonen aus, was die sowjetische Seite am 24. Juni 1948 dazu veranlaßte, eine Blockade über Westberlin zu verhängen. Alle Land- und Wasserstraßenverbindungen zwischen Westberlin und dem späteren Bundesgebiet wurden unterbrochen. Erst elf Monate später, als die amerikanische und britische Luftwaffe die Versorgung Westberlins sichergestellt hatten und die Blockade sinnlos geworden war, beendete die sowjetische Seite die Absperrung.[7]

Noch während der Blockade, am 13. Juli 1948, erließ die SMAD eine Verfügung, wonach für den Besuch der SBZ zusätzlich zu den Interzonenpässen noch eine Aufenthaltsgenehmigung der territorialen Behörden erforderlich wurde. Angesichts des aufziehenden Kalten Krieges sollte der innerdeutsche Reise- und Besucherverkehr weiter eingeschränkt werden. (Derartige Aufenthaltsgenehmigungen blieben – mit kurzfristigen Abschwächungen in den 50er Jahren – bis zum Inkrafttreten des innerdeutschen Grundlagenvertrages 1973 in Kraft. An ihre Stelle traten dann bis zum Ende der DDR Visa-Genehmigungen bzw. Aufenthaltsberechtigungen.)

Das zunehmende Wirtschaftsgefälle zwischen Ost und West bei relativ offenen Grenzen im besetzten Deutschland nutzten zahlreiche Spekulanten, Schieber und Schmuggler auf Kosten der Allgemeinheit für ihren privaten Vorteil aus. Waren, die im anderen Teil

Zonengrenze mitten durch den Ort Mödlareuth: Im Vordergrund der bayerische Ortsteil (amerikanische Zone), hinter dem Bach beginnt Thüringen (sowjetische Zone), Juli 1949.

Grenze zwischen britischer und sowjetischer Zone bei Lübeck: Eine Familie kehrt in ihre ostdeutsche Heimat zurück, 1948.

Deutschlands höhere Preise erzielten, wurden – auch in großem Stil – heimlich über die Interzonengrenze geschafft. Um den Abfluß von Gütern und die Abwanderung von Menschen einzudämmen, entschlossen sich die Sowjets, die Demarkationslinie unter verstärkte Aufsicht zu stellen, zunächst durch eigene Soldaten, ab Ende 1946 dann auch mit deutschen Grenzpolizisten an ihrer Seite.

Die Grundlage für die Aufstellung einer Grenzpolizei lieferte die Kontrollratsdirektive Nr. 16 vom 6.11.1945, die eine Bewaffnung der deutschen Polizei mit Karabinern erlaubte und in der erstmals von einer »Grenzpolizei« die Rede ist. Sowohl Sowjets als auch Amerikaner und Briten verfügten alsbald die Aufstellung deutscher Grenzpolizeiformationen auf Länderebene. Als erstes Land formierte Niedersachsen im September 1945 einen Zollgrenzschutz, in Bayern und Hessen folgten im November 1945 bzw. im Mai 1946 eine Grenzpolizei.[8]

Auf der Grundlage von Befehlen der SMAD begannen ab November 1946 auch die SBZ-Landesbehörden mit dem Aufbau einer eigenen Grenzpolizei; als offizieller Gründungstag gilt heute der 1. Dezember 1946. Die Sowjets sicherten sich dabei ein absolutes Weisungsrecht in allen Angelegenheiten und verordneten 1948 auch die Zentralisierung dieser Formationen, wogegen die Westalliierten protestierten, da ausdrücklich nur dezentrale Einheiten auf Länderebene abgesprochen waren. Dies führte – zumindest zeitweise – zu einer Rückgliederung. Die Personalstärke dieser SBZ-Länder-Grenzpolizei betrug 1946/47 zunächst insgesamt 2.500 Mann. Sie verteilten sich auf die Demarkationslinie (ca. 1.400 km), die Oder-Neiße-Linie zu Polen (ca. 460 km) und die Grenze zur ČSR (ca. 395 km).[9] An der Ostsee wurden vorerst noch keine Grenzpolizeikräfte eingesetzt.

Eine Grenzstreife bzw. ein Einzelposten der neuen SBZ-Grenzpolizei konnte zu Fuß anfangs nur einen Grenzabschnitt von 6 bis 15 km Länge überwachen. Ausrüstung

Separate Währungsreform in den westlichen Besatzungszonen am 21.6.1948: Andrang vor einer Hamburger Geldausgabestelle.

und materielle Ausstattung der Grenzpolizei der ersten Jahre waren äußerst bescheiden, mitunter primitiv. Kraftfahrzeuge, Schußwaffen, einheitliche Uniformierung und geeignete Unterkünfte erhielten diese Kräfte erst Ende der 40er Jahre.[10]

Westberlin-Blockade 1948 durch sowjetische Truppen: Die US-Luftwaffe übernimmt mit sogenannten Rosinen-Bombern die Versorgung der Stadt.

Nach dem Scheitern der Außenministerkonferenzen der vier Siegermächte über Deutschland in Moskau (März/April 1947) und in London (November/Dezember 1947) und den daraufhin erfolgten Bemühungen der Westmächte, Vorformen westdeutscher Staatlichkeit zu schaffen (Bi-Zone/Tri-Zone), verschlechterten sich die Beziehungen zwischen West und Ost ständig und führten im März 1948 zum Verlassen des sowjetischen Vertreters aus dem Alliierten Kontrollrat in Berlin. Damit endete praktisch der Versuch, eine gemeinsame Vier-Mächte-Verwaltung für ganz Deutschland sicherzustellen.[11] Währungsreform und Westberlin-Blockade ließen dann den Kalten Krieg eskalieren, was nicht ohne Folgen für das Vorgehen an der Demarkationslinie und der Sektorengrenze blieb.

Von sowjetischer Seite wurde unmittelbar nach der separaten Währungsreform in den westlichen Besatzungszonen (21.6.1948) eine vorübergehende verschärfte Kontrolle an der Sektorengrenze in Berlin veranlaßt, bei der die SBZ-Grenzpolizei nach eigenen Angaben allein in den ersten fünf Tagen über 90 Millionen Mark alten Geldes beschlagnahmt haben will, das in spekulativer Absicht illegal in die SBZ eingeführt werden sollte, wo es zunächst noch gültig war.[12]

Schon zwei Monate zuvor, am 1. April 1948, hatte die Landespolizeibehörde Brandenburg auf sowjetischen Befehl eine der SMA direkt unterstehende Polizeiformation »Ring um Berlin« gebildet, die die gesamte rund 300 km lange Stadtgrenze Groß-Berlins überwachte und Kontrollen an 71 Straßen- sowie 17 Bahnhofs- und Wasserstraßenübergangsstellen vornahm. Nachdem im September 1948 auch die gemeinsame administrative Verwaltung Groß-Berlins gescheitert war und beide Teile Deutschlands sich immer mehr zu eigenen Staaten hin entwickelten, verwandelten sich die Demarkationslinie bzw. die Zonengrenze sowie die Sektorengrenzen in Berlin von Verwaltungsgrenzen zu politischen Einflußgrenzen sowie zu echten Zoll- und Wirtschaftsgrenzen.

Noch war das Passieren der innerdeutschen Demarkationslinie ohne größere Gefahren und Hindernisse möglich, wenngleich auch jenseits der offiziellen Übergänge schon illegal. Ab 1948 wurde von seiten der SBZ verstärkt nach »Grenzverletzern« gefahndet, die festzunehmen und gegebenenfalls auch zu bestrafen waren.[13] Für den Zeitraum vom 1. Juni 1948 bis zum 1. Juli 1949 vermerkten DDR-Militärhistoriker die Festnahme von 214 Spionen und Saboteuren, 2.418 kriminellen Verbrechern, 668 Großschiebern sowie 2.115 Schmugglern durch die Grenzpolizei. Im 2. Halbjahr 1948 will diese Grenzpolizei 228.947 Grenzverletzer zeitweilig festgesetzt haben, im 1. Halbjahr 1949 sollen es 256.272 Personen gewesen sein.[14]

Die Grenzpolizei der SBZ zählte Mitte 1949 rund 15.000 Mann und wurde auf Befehl der SMAD schrittweise personell aufgestockt. Die Hauptlast des Grenzschutzes trugen aber weiterhin die sowjetischen Einheiten, wie auch amerikanische und britische Soldaten die wichtigsten Überwachungsaufgaben an ihren Zonengrenzen wahrnahmen. Zollgrenzdienstkräfte und Bayerische Grenzpolizei beispielsweise waren vorrangig mit Warenkontrollen beauftragt.

Zu einer vorübergehenden Lockerung der Grenzüberwachungen kam es im Mai 1949 nach Beendigung der Berliner Blockade, als die zuvor vorhandenen Beschränkungen im Nachrichtenwesen, Transport und Handel zwischen Ost und West aufgehoben wurden. Im Sommer 1949 eröffneten die Behörden sogar zehn zusätzliche Grenzübergänge.[15]

Doch mit Gründung der beiden deutschen Staaten im Herbst 1949 wurde aus der Demarkationslinie mehr und mehr eine Staatsgrenze, ja darüber hinaus sogar eine Systemgrenze. Zunächst hielten sich Stalin und seine deutschen Kommunisten jedoch noch eine Option für die Einheit Deutschlands offen, weshalb alle Grenzsicherungsmaßnahmen anfangs provisorischen Charakter trugen. Die Zonengrenze war zwar markiert und überwacht – ab Januar 1950 auch die Seegrenzen –, aber noch nicht mit Wachtürmen und größeren Stacheldrahtzäunen versehen.

Mit Wirkung vom 10. Juni 1950 übertrug die Sowjetische Kontrollkommission (SKK), die Nachfolgebehörde der SMAD, der ostdeutschen Grenzpolizei auch die Kontrollaufgaben an den Grenzkontrollpassierpunkten (KPP). Die Kontrolle der Westalliierten blieb dagegen bis zum Ende der DDR Sache der sowjetischen Militärs, die sich zunächst auch noch die Kontrolle des Personen- und Transportverkehrs sonstiger ausländischer Staaten vorbehielten.[16]

Mit Ausbruch des Koreakrieges 1950, bei dem die USA und die Sowjetunion mittelbar aufeinandertrafen, verschärfte sich noch einmal der Kalte Krieg. Die Ablehnung der Stalin-Note vom 10. März 1952 durch den Westen, in der von sowjetischer Seite ein neutralisiertes Gesamtdeutschland angeboten worden war, sowie die geplante Einbeziehung Westdeutschlands in eine Europäische Verteidigungsgemeinschaft (EVG) führten zu einer weiteren Verhärtung der Fronten. Von DDR-Seite wurde eine heute nahezu hysterisch anmutende Propagandakampagne gegen die Adenauer-Regierung und die »Spalter in Bonn« entfacht. Besondere Verärgerung bestand vor allem darüber, daß nach wie vor Hunderttausende von DDR-Bürgern gen Westen strebten, sowohl über die Sektorengrenze in Berlin als auch über die »Grüne Grenze«.

Die DDR-Behörden sperrten daraufhin im Frühjahr 1952 die Demarkationslinie und verwandelten sie in eine wirkliche innerdeutsche Grenze. Auf Befehl der SKK wurde ein entsprechendes Grenzregime eingeführt. Am 5. Mai 1952 erhielten hohe Offiziere der Deutschen Grenzpolizei (DGP) – so die amtliche Bezeichnung ab 1951 – von zwei sowjetischen Obristen der SKK genaue Weisungen zur künftigen Ausgestaltung der Demarkationslinie:

»Entlang der D.-Linie ist eine 5-km-Sperrzone geplant, die sich wie folgt aufgliedert:

a) *10-m-Schutzstreifen.* Dieser 10-m-Schutzstreifen muß zweimal im Jahr (Frühjahr und Herbst) umgepflügt und geeggt werden. Soweit in diesem Streifen Waldungen stehen, sind dieselben abzuholzen. In diesem Streifen dürfen keinerlei Arbeiten von Zivilpersonen durchgeführt werden, und er darf nur von Angehörigen der Grenzbehörden betreten werden. Entlang des Streifens sollen an bestimmten Stellen Straßensperren, Baumsperren, Drahtverhaue usw. errichtet werden.

b) *500-m-Schutzstreifen.* Der 500-m-Schutzstreifen steht unter Verwaltung der Grenzbehörden. Ohne Ge-

Zwangsverpflichtung von Bauern zum Pflügen und Eggen des Grenzstreifens während der fünfziger Jahre: Grenze an der B 248 zwischen Salzwedel und Lüchow.

nehmigung der Grenzbehörden dürfen keinerlei Veränderungen jeglicher Art in den Ortschaften und im Gelände (einschl. Baumaßnahmen) vorgenommen werden. (...) Die Ortseinwohner müssen bei der jeweiligen Dienststelle der Grenzbehörde namentlich auf Listen erfaßt sein. Zuzüge bedürfen der Genehmigung. (...) Einwohner erhalten im Deutschen Personalausweis einen Stempel. (...) Arbeiter, die in Betrieben dieses Streifens arbeiten, aber außerhalb wohnen, bedürfen für das Betreten eines besonderen Passierscheins. Diese Arbeiter dürfen, um zu ihrem Arbeitsplatz zu gelangen, nur die von der Grenzbehörde festgelegten Wege benutzen. Dieses trifft ebenso für die örtliche Bevölkerung zu, die außerhalb der Ortschaften liegende Felder bearbeiten will. Der Aufenthalt auf Straßen und Arbeitsplätzen ist für alle Personen (einschl. der örtlichen Bevölkerung) nur von Sonnenaufgang bis Sonnenuntergang gestattet. Jeglicher Verkehr von Personen auf Straßen usw. ist bei Einbruch der Dunkelheit verboten. Es dürfen keinerlei Versammlungen und Veranstaltungen durchgeführt werden. Gaststätten, Hotels, Pensionen, Erholungsheime sind zu schließen. (...) Die Brockenbahn darf nicht mehr durch westliches

Fahrzeugkontrolle an der Sektorengrenze in der Berliner Friedrichstraße, 1952.

Unterbrochene Straßenverbindung an der innerdeutschen Grenze zwischen Salzwedel und Lübbow (Niedersachsen).

Kontrolle an der Berliner Sektorengrenze auf der Oberbaumbrücke zwischen Friedrichshain (Ost) und Kreuzberg (West), 1952.

Gebiet fahren. (...) Alle alteingesessenen Bewohner dieser Ortschaften (es handelt sich entlang der gesamten D.-Linie in diesem Streifen um ca. 110 Ortschaften – d. A.) können wohnen bleiben. Neu hinzugezogene Personen, reaktionäre Kräfte sowie als Grenzschieber und Spekulanten bekannte Personen sind aus diesen Ortschaften in das Hinterland umzusiedeln.

Dieser 500-m-Streifen wird als ein Streifen des besonderen Regimes festgelegt.

c) *5-km-Streifen* (Ausweiszone). Sämtliche Einwohner müssen durch die örtlich zuständigen VP-Dienststellen der VPKA listenmäßig erfaßt sein. Für die hier wohnhaften Einwohner ist durch das zuständige Volkspolizei-Kreisamt der Deutsche Personalausweis mit einem besonderen Stempel zu versehen. (...) Die Einreise bzw. Einfahrt von Personen und Kfz. in diesen Streifen ist nur mit einem besonderen Passierschein gestattet. (...) Alle Versammlungen, Veranstaltungen usw. ab 22.00 Uhr sind verboten.«[17]

Nach diesen SKK-Weisungen wurden die DDR-Offiziere von den Sowjets zur »strengsten Verschwiegenheit« vergattert – bis alle Maßnahmen von der Regierung der DDR beschlossen waren. Letztere verabschiedete am 26. Mai 1952 eine entsprechende Verordnung, die dann am 27. Mai 1952 als Grundlage für eine »Polizeiverordnung« des Ministeriums für Staatssicherheit (MfS) diente.[18]

Bei einem Vergleich der sowjetischen Vorgaben und der Beschlüsse der DDR-Regierung wird deutlich, wie unmittelbar – bis in die Details hinein – die sowjetischen Militärs das DDR-Grenzregime prägten. In der sogenannten Polizeiverordnung heißt es:

»§ 1: Die entlang der Demarkationslinie zwischen der DDR und Westdeutschland festgelegte Sperrzone umfaßt einen 10 m breiten Kontrollstreifen unmittelbar an der Demarkationslinie, anschließend einen etwa 500 m breiten Schutzstreifen und dann eine etwa 5 km breite Sperrzone.

§ 2: Die Bestimmungen über den kleinen Grenzverkehr sind ab sofort aufgehoben. Die Demarkationslinie darf nur mit gültigem Interzonenpaß an den vorgesehenen Kontrollpunkten der Deutschen Grenzpolizei passiert werden.

§ 3: Für Personen, die im Sperrgebiet wohnen, werden ab sofort keine Interzonenpässe mehr ausgegeben. Für Personen, die in Westdeutschland wohnen, werden für das Sperrgebiet keine Aufenthaltsgenehmigungen mehr erteilt. Die Einreise in das Sperrgebiet mit Interzonenpaß oder Visum ist mit sofortiger Wirkung verboten.

§ 4: Das Überschreiten des 10-m-Kontrollstreifens ist für alle Personen verboten. Personen, die versuchen, den Kontrollstreifen in Richtung DDR oder Westdeutschland zu überschreiten, werden von den Grenzstreifen festgenommen.

Bei Nichtbeachtung der Anordnung der Grenzstreifen wird von der Waffe Gebrauch gemacht.«[19]

Umgesetzt wurden auch weitergehende Weisungen der sowjetischen Instrukteure, etwa zur Aussiedlung unliebsamer Personen: »In Anbetracht der Durchsetzung der Grenzkreise mit feindlichen, verdächtigen und kriminellen Elementen (sind) Maßnahmen zur Säuberung der Grenzkreise von solchen Elementen durchzuführen, indem man diese in die Innenbezirke der DDR umsiedelt.«[20] Unter der amtlichen Sprachregelung »Aktion Grenze« – intern unter der Bezeichnung »Aktion Ungeziefer« – werden in der Folge des neuen Grenzregimes ab Mai/Juni 1952 rund 11.000 Menschen unter unwürdigen Begleitumständen und teilweise mit Gewalt ins Innere der DDR verbracht. Etwa 3.000 Personen konnten sich der Ausweisung durch Flucht in den Westen entziehen, andere flohen erst nach Ankunft am Verbannungsort über Berlin. So auch Familie Pfeifer, die aus Streufdorf (Kreis Hildburghausen) in den Kreis Arnstadt deportiert wurde. Fritz Pfeifer gab nach der Flucht am 18. Juli 1952 gegenüber Behörden in Westberlin folgenden Bericht ab:

Fallbeispiel 1

»Am 5.6.1952 wurde ich, gegen 03.30 Uhr, von meiner Frau geweckt, die feststellte, daß an der Haustür Lärm war. Ich ging ans Fenster, öffnete und stellte dabei fest, daß auf der Straße mehrere Lkw standen und Volkspolizei an der Haustür war. Der Aufforderung, sofort die Tür zu öffnen, leistete ich Folge und ging nach unten. Hier traten mir einige Leute von der VP und in Zivilkleidung entgegen, die mir dabei einen Zettel vorhielten, den sie mit der Taschenlampe beleuchteten und den ich unterschreiben sollte.

Auf diesem Zettel stand ungefähr folgender Wortlaut: Ich verpflichte mich, mein Anwesen innerhalb von zwei Stunden zu verlassen, und führe diese Maßnahme freiwillig durch. Ich lehnte jedoch die Unterschrift ab und sagte zu den Herren: Wenn ich schon gehen muß, so gehe ich auch ohne Unterschrift. Nach meinen Feststellungen waren es ungefähr acht Volkspolizisten und zwei Herren vom SSD und mehrere Arbeiter, die die Verladung des Mobiliars durchführen sollten.

Ich nahm die Leute mit in meine Wohnung. Hier wurde mir sofort der Personalausweis gegen eine Bescheinigung entzogen, ebenso meiner Frau. Einer der Männer fragte mich dann, was verladen werden sollte. Da ich jedoch unentschlossen war, fingen die Arbeiter selbständig an, Möbelstücke aus dem Haus herauszutragen und auf den bereitstehenden Lkw zu verladen.

Ich weckte meine Nachbarsleute, die ich bat, mir behilflich zu sein. (...)

Ungefähr gegen 06.00 Uhr morgens, als der größte Teil meiner Möbel verladen war, läuteten sämtliche Glokken der Gemeinde Sturm.

Provisorische Straßensperre an der Königsbrücke zwischen Bömenzien (Sachsen-Anhalt) und Gartow (Niedersachsen) westlich von Wittenberge an der Elbe: Beamte des Bundesgrenzschutzes vor einem Schild der Deutsch-Sowjetischen Freundschaft, 1952.

Alle Bauern und Jugendlichen waren auf der Straße, um die Evakuierungsmaßnahmen zu verhindern oder aufzuhalten. Größere Trupps Jugendlicher griffen sofort ein und entluden die schon zum Teil beladenen Lkw wieder. Dasselbe geschah auch bei mir. (...) Mittlerweile hatten die zusammengerufenen Leute im Ort die Straßen aufgerissen. (...) Zusammengezogene Einheiten der Volkspolizei waren gegen die Bevölkerung machtlos. (...) Der Ort wurde umstellt. (...) Erst als danach ein Bereitschaftswagen der Kreisfeuerwehr und 50 Mann berittene Polizei im Dorf eingesetzt wurden, die mit Wasserwerfern vorgingen, mußte die Bevölkerung weichen.

Die VP beseitigte die Straßensperren und nahm, unter unvergleichbarem Terror, durch Schläge auf Frauen und Männer des Ortes, verschiedene Leute fest.

Daraufhin stürmten die SSD-Funktionäre, mit vorgehaltener Pistole und wüsten Beschimpfungen, in die Häuser und holten unter anderem auch mich, meine Frau und meine beiden Kinder heraus. Unter Fußtritten, Schlägen und Beschimpfungen, wie CDU-Schwein usw., wurden wir auf Lkw verladen. (...) Wir wurden in das Gefängnis Hildburghausen eingeliefert und im Laufe von zwei Tagen mehrmals am Tage und in der Nacht vernommen, wobei wir immer wieder beschimpft wurden mit Lumpen, Verbrecher usw.

Nach drei Tagen wurde ich mit noch vier weiteren Streufdörfern entlassen und unter Polizeibewachung mit dem Lkw in den Kreis Arnstadt (Thür.) gebracht. Dort fand ich am nächsten Tag meine Familie wieder, mit der ich mich dann sofort nach West-Berlin absetzte, um einer wiederholten Verhaftung zu entgehen.«[21]

Die offene Grenze in Berlin: Übergang zwischen britischem und sowjetischem Sektor am Brandenburger Tor, 1960.

Die innerdeutsche Grenze: Patrouille zwischen Schrampe (Sachsen-Anhalt) und Schmarsau (Niedersachsen), Anfang 1961.

Ende Mai 1952 begannen Mitarbeiter der Maschinenausleihstationen (MAS) unter Mithilfe dienstverpflichteter einheimischer Bauern auf Befehl der Grenzpolizei den 10-m-Kontrollstreifen längs der Zonengrenze umzupflügen. Dabei wurden zugleich Bäume, Sträucher, Gebäude und sonstige Hindernisse, die die freie Sicht versperrten, entfernt. Das unmittelbare Hinterland des 10-m-Streifens versahen die Behörden mit Wällen, Gräben und Stolperdrähten mit angeschlossenen Alarmvorrichtungen. Gesperrt wurden schließlich 32 Eisenbahnlinien (unter anderem durch das Herausnehmen von Schienenstücken), drei Autobahnen, 31 Fern- bzw. Bundesstraßen, 80 Landstraßen erster Ordnung, etwa 60 Landstraßen zweiter Ordnung sowie Tausende von öffentlichen Gemeindewegen (von Dorf zu Dorf) und privaten Wirtschaftswegen.[22] Es verblieben nur noch sechs für den Interzonen- und Berlin-Verkehr zugelassene Eisenbahnübergänge sowie fünf kontrollierte Straßen- bzw. Autobahnübergänge.

Ähnliche Einschnitte gab es in Berlin: Von den insgesamt 277 Straßen, die von Westberlin in den Ostsektor und in die DDR führten, schlossen die DDR-Verantwortlichen bis zum September 1952 knapp drei Viertel, exakt 200 Straßen. An verschiedenen Stellen der Grenze vom DDR-Bezirk Potsdam zu Westberlin entstanden jetzt auch, wie an der »Grünen Grenze«, umgepflügte Kontrollstreifen. Unterbrochen wurden ferner die direkten Fernsprechleitungen von Ost- nach Westberlin und die Stromverbindungen.

Die Grenzbevölkerung im Bundesgebiet sah sich ab Mai 1952 in eine territoriale Randlage gedrängt, viele Regionen und Ortschaften verloren ihr Hinterland. Verwandtschaftliche Beziehungen wurden erheblich erschwert, insbesondere solche zu Bewohnern im neuen DDR-Grenzgebiet. Manche Dörfer und Orte teilte man nun durch Zäune. Länder, die an die Demarkationslinie grenzten, und der Bund suchten alsbald nach Möglichkeiten, der Grenzbevölkerung vor allem materiell zu helfen. Die bundesdeutschen Zonenrandländer Schleswig-Holstein, Niedersachsen, Hessen und Bayern hatten bereits 1951 einen »Arbeitskreis Ostgrenzgebiete« gegründet, der die finanz-, wirtschafts- und verkehrspolitischen Interessen der Grenzländer gegenüber dem Bund vertreten sollte. Ein erstes Förderungsprogramm für die Gebiete an der »Sowjetzonengrenze« verabschiedete der Deutsche Bundestag im Oktober 1953. In den folgenden Jahren traten verschiedene Einzelfördermaßnahmen in Kraft. Zu einem umfassenden Zonenrandförderungsgesetz kam es dann aber erst knapp zwanzig Jahre später, am 5. August 1971, mit dem der grenznahe Raum zwischen Flensburg und Passau eine langfristige Perspektive erhielt.

Auf DDR-Seite kam die Grenzbevölkerung ebenfalls in den Genuß von Vergünstigungen, die einen Teil der erschwerten Lebensverhältnisse im Grenzgebiet ausgleichen sollten. Dazu zählten: Lohn- und Gehaltszuschläge, Steuererleichterungen, Rentenaufbesserungen und – in den ersten Jahren bis 1958 – Zusatzlebensmittelkarten.

Im Zuge der verstärkten Sicherungsmaßnahmen erhielt auch die Deutsche Grenzpolizei eine neue Unterstellung. Sie wurde am 16. Mai 1952 aus dem DDR-Innenministerium ausgegliedert und dem Ministerium für Staatssicherheit unterstellt, von dem sie auch im Oktober 1952 mit neuen Uniformen und Dienstgraden ausgestattet wurde. Sowjetische Berater nahmen am 1. Juni 1952 ihre Tätigkeit in den jeweiligen Einheiten auf und verblieben dort bis zum 30. September 1958, also auch noch nach der offiziellen Übertragung der alleinigen Zuständigkeit für die Bewachung der Staatsgrenze an die DDR-Behörden Ende 1955 und der Rückgliederung der DGP ins Innenministerium (1.3.1957).

Bewaffnung und Ausbildung der Grenzer wurden zunehmend verbessert, ihre Personalstärke systematisch erhöht. Am 1. Januar 1954 verfügte die DGP bereits über rund 34.000 Mann. (Hinzu kamen die Freiwilligen Helfer der Grenzpolizei (GPH), die ab August 1952 rekrutiert wurden und denen man Hilfsfunktionen im grenznahen Raum übertrug.)

Übernommen wurden die Innendienstvorschriften und die Disziplinarordnung der Kasernierten Volkspolizei (KVP), so daß sich die Grenzpolizei immer stärker am militärischen Erscheinungsbild dieser Kadertruppe der späteren Nationalen Volksarmee (NVA) orientierte. In bestimmten Punkten ähnelten sich sogar die Aufgaben: An der Niederschlagung des Volksaufstandes gegen das Regime am 17. Juni 1953 beteiligten sich auch Einheiten der DGP.

Den derart gestärkten Grenzformationen der DDR gelang es jedoch nicht, die Fluchtbewegung aus der DDR einzudämmen. Nach wie vor überwanden Hunderttausende die Kontrollen illegal, zumeist über Berlin, um in den Westen zu gelangen. Daher gab es auch kein Entgegenkommen bei formalen Regelungen des Reiseverkehrs. Im November 1953 hoben die Westmächte den Interzonenpaßzwang auf, und die Bundesregierung verzichtete zugleich auf die Ausstellung von Aufenthaltsgenehmigungen. Damit bestanden von westlicher Seite keine Reisebeschränkungen mehr. Die DDR-Regierung schloß sich dem Verzicht auf den Interzonenpaßzwang zwar an, behielt aber die Bestimmungen über die Aufenthaltsgenehmigungen für Einreisende bei. Außerdem mußten DDR-Bürger für Westreisen weiterhin Ausreisepapiere (Personalbescheinigungen) beantragen.

Nach einigen Schwankungen in der Einreise- und Ausreisegenehmigungspraxis verschärfte die SED-Führung ab Mitte der 50er Jahre die Abschottungsversuche. Das DDR-Paßgesetz vom 15.9.1954 stellte bereits Republikflucht unter Strafe. In § 8.1 hieß es dort: »Wer ohne Genehmigung das Gebiet der DDR nach dem Ausland verläßt ..., wird mit Gefängnis bis zu drei Jahren bestraft.« Am 11. Dezember 1957 wurde diese Bestimmung noch erweitert: »Wer ohne erforderliche Genehmigung das Gebiet der DDR verläßt oder betritt oder wer ihm vorgeschriebene Reiseziele, Reisewege oder Reisefristen oder sonstige Beschränkungen der Reise oder des Aufenthalts hierbei nicht einhält, wird mit Gefängnis bis zu drei Jahren oder mit Geldstrafe bestraft.«[23]

Außerdem verschärfte sich die Praxis. Für bestimmte Alters- und Berufsgruppen wurden Westreisegenehmigungen kaum noch erteilt.

Zugleich wurden an der »Grünen Grenze« die Absperranlagen ausgebaut, es entstanden neue Zäune, Gräben und Alarmeinrichtungen. Die Hinterlandsicherung baute man weiter aus, die Kontrollen wurden verschärft. Die Fluchtbewegung ließ sich trotzdem nicht erkennbar einschränken, zumal in Berlin die Sektorengrenzen offenblieben. Daran konnte auch ein Ultimatum

Absperrung der Grenzen am 13. August 1961: Kampfgruppeneinheiten und Wasserwerfer vor dem Brandenburger Tor.

des sowjetischen Parteichefs Nikita Chruschtschow nichts ändern, der Ende 1958 kategorisch gefordert hatte, Westberlin in eine freie und entmilitarisierte Stadt umzuwandeln. Die »Fluchtburg« inmitten des Territoriums der DDR sollte endlich geschlossen werden. Das Ultimatum erwies sich jedoch als kontraproduktiv: DDR-Einwohner, die langfristig eine Flucht in den Westen geplant hatten, sahen sich in Zugzwang gebracht und entschlossen sich zu schnellem Handeln. Die Flüchtlingszahlen stiegen rapide an. An immer mehr Stellen fehlten in der DDR die Spezialisten. Die Republik stand vor dem Kollaps.

Am 13. August 1961 zog der Ostblock die Notbremse: Westberlin wurde abgeriegelt und in den folgenden Monaten umzäunt und ummauert. Die meisten Verkehrsverbindungen wurden unterbrochen, die DDR errichtete ihre Staatsgrenze buchstäblich am Brandenburger Tor mitten in der alten deutschen Hauptstadt.[24]

Von den 81 Übergangsstellen zwischen den drei Westsektoren und dem Ostsektor verblieben schließlich sieben besonders gekennzeichnete Kontrollstellen; die Sperrmaßnahmen in Berlin beendeten gleichzeitig den Durchgangsverkehr von acht S-Bahn- und drei U-Bahnlinien; 193 Haupt- und Nebenstraßen wurden zerschnitten.[25] Von den Abriegelungsmaßnahmen überrascht, versuchten viele Ostberliner und DDR-Bürger in den folgenden Wochen noch irgendwo einen Durchschlupf zu finden, wobei es zu mehreren schweren Grenzzwischenfällen kam. Dutzende von Menschen

MILITARY

Fluchten am Abend des 13. August 1961: Die Häuser (bereits versperrt) gehörten zu Ostberlin, die Straßen zu Westberlin.

wurden bei diesen Fluchtversuchen verletzt oder sogar erschossen.[26]

In dem Maße, wie die Mauer wuchs und undurchlässiger wurde, erhöhte sich der Druck auf die innerdeutsche Grenze und die Seegrenze, wo in der Kürze der Zeit die Abschottung noch nicht ganz so perfekt war. Die Behörden beantworteten diesen Druck mit einem strengeren Grenzregime und begannen damit, Bodenminen zu verlegen. Außerdem setzte eine zweite Aussiedlungswelle (»Aktion Festigung«) ein, bei der etwa 3.000 »unzuverlässige Elemente« entlang den Grenzen zwangsweise ins Binnenland umgesiedelt wurden.

Zwangsaussiedlungen an der innerdeutschen Grenze: Binnen weniger Stunden müssen als unzuverlässig eingestufte Familien ihren gesamten Hausrat verladen, um ins Landesinnere umgesiedelt zu werden, »Aktion Festigung« Oktober 1961.

Der Befehl Nr. 35/61 des Ministers des Innern vom 1. September 1961 verfügte die Deportation folgender DDR-Bürger aus dem Bereich der 5-km-Sperrzone und des 500-m-Schutzstreifens:

»a) Ehemalige Angehörige der SS, unverbesserliche Nazis, ehemalige Ortsbauernführer, Personen, die durch ihre reaktionäre Einstellung den Aufbau des Sozialismus behindern, sowie Personen, die ihrer Einstellung nach und durch ihre Handlungen eine Gefährdung für die Ordnung und Sicherheit im Grenzgebiet darstellen;

b) Erstzuziehende aus Westdeutschland und Westberlin;

c) Rückkehrer aus Westdeutschland und Westberlin;

d) Personen, die als Grenzgänger aufgefallen sind oder die Arbeit der Deutschen Grenzpolizei erschwerten oder behinderten. Darunter fallen arbeitsscheue und asoziale Elemente, HWG-Personen usw.;

e) Alle Personen, die der polizeilichen Meldepflicht nicht nachgekommen sind bzw. bewußt versucht haben, die Meldepflicht zu umgehen;

f) Ausländer und Staatenlose.

Die in enger Gemeinschaft lebenden Angehörigen der unter a – f genannten Personen sind mit auszuweisen. (...)

Die Feststellung des obengenannten Personenkreises hat durch die Volkspolizei-Kreisämter in Zusammenarbeit mit den Kreisdienststellen des MfS und der Deutschen Grenzpolizei zu erfolgen.«[27]

Die Zwangsumsiedlung erfolgte »geschickter« als im Jahre 1952, vor allem die Organe des MfS hatten dazugelernt und besorgten die Deportationen weitgehend geräuschlos. Bis in die Endzeit der DDR wurden in Einzelfällen diese Aussiedlungsmaßnahmen fortgesetzt, wann immer jemand als unliebsam im Grenzgebiet auffiel.

Viele Menschen zogen aus dem nunmehr hermetisch abgeriegelten 5-km-Streifen aber auch freiwillig weg, waren die Bewegungsfreiheit und die Möglichkeit, Besuch zu empfangen, doch erheblich eingeschränkt. Durch die am 21. September 1961 erlassene »Ordnung zur Gewährleistung der Sicherheit an der Westgrenze der DDR« wurden die Bestimmungen zum Aufenthalt im DDR-Grenzgebiet nochmals verschärft. (Im Sommer 1962 folgte eine entsprechende Verordnung für die Küstenregion.)

Lebten im Grenzgebiet seinerzeit insgesamt 370.000 Menschen in fast 500 Ortschaften (allein an der Staatsgrenze West waren es 320.000 Bürger), so waren es 1972/73 nur noch 205.000 Einwohner in 318 Ortschaften[28], da die Behörden das Grenzgebiet inzwischen territorial verkleinert hatten.

Wie bei den Aktionen 1952 war auch die Grenzschließung 1961 mit einer Umstrukturierung der Grenzpolizei verbunden. Sie wurde – bis auf zwei Grenzbrigaden in Berlin – am 15. September 1961 durch einen Beschluß des Nationalen Verteidigungsrates der DDR (NVR) zum Kommando der Grenztruppen der Nationalen Volksarmee (»Kommando Grenze«) erhoben und dem Ministerium für Nationale Verteidigung (MfNV) der DDR unterstellt.[29] Die DDR-Grenzsicherung wurde damit Teil der amtlichen Landesverteidigung und vollständig militarisiert. Die neuen Grenztruppen erhielten in der Folgezeit auch die steingrauen Uniformen der regulären NVA, versehen mit der Waffenfarbe Hellgrün sowie einem Ärmelstreifen mit der Aufschrift »Grenztruppen der DDR«. Sechs Wochen später, am 4. November 1961, wurde dann auch die »Grenzbrigade Küste« dem Kommando der NVA-Seestreitkräfte bzw. der Volksmarine operativ zugeordnet.

Ab Oktober 1961 begannen die NVA-Grenztruppen damit, die innerdeutsche Grenze pioniermäßig auszubauen. In Berlin wurde ein massiver, panzersicherer »antifaschistischer Schutzwall« errichtet (die Mauer der 1. Generation). 1963/64 folgten weitere Befestigungsmaßnahmen sowie Abriß- und Planierungsarbeiten an der Mauer zur Schaffung eines Sicht- und Schußfeldes für die Grenztruppen auf seiten der DDR. Die Zahl der erfolgreichen Fluchten ging drastisch zurück.

Das Vorgehen der Grenztruppen richtete sich – ebenfalls wie 1952 – nach den konkreten »Wünschen« der sowjetischen Militärs. Nach Errichtung der Mauer gab am 14. September 1961 der Oberbefehlshaber der Gruppe der Sowjetischen Streitkräfte in Deutschland, Marschall Iwan Konjew, in einem Schreiben an DDR-Verteidigungsminister Heinz Hoffmann klare Anweisungen, wie die Grenze künftig zu sichern sei:

»Zur Verstärkung des Schutzes der Grenze der DDR und zur Errichtung eines strengen Grenzregimes im Grenzstreifen bitte ich Sie, bei der Lösung dieser Frage unsere folgenden Vorschläge und Wünsche zu berücksichtigen:

1. Es ist zweckmäßig, die Maßnahmen zur Aussiedlung aus dem Grenzstreifen nach der Verbesserung des pioniermäßigen und technischen Ausbaus der Grenze und der Verstärkung ihrer Bewachung zu beginnen. (...)

3. Der pioniermäßige und technische Ausbau der Grenze ist in erster Linie in den hauptsächlichen Grenzverletzungsrichtungen zu beginnen. (...) In diesem Streifen sind Drahtsperren, Minenfelder, Signalvorrichtungen, Beobachtungstürme und Kontroll- und Patrouillenstreifen anzulegen.«[30]

Nach außen hin wurde so getan, als ob sich die DDR-Grenzhindernisse in erster Linie gegen den Klassenfeind im Westen richteten und zum Schutz vor möglichen äußeren Angriffen notwendig seien – in Wirklichkeit wurden die Befestigungen aber von Anfang an gegen flüchtende DDR-Einwohner angelegt. Dies wurde ganz offensichtlich, als man 1966 damit begann, einen etwa 3 m breiten und 1,5 m tiefen Kfz-Sperrgraben auszuhe-

Den provisorischen Absperrungen folgen 1962 massive Befestigungen der Mauer: Arbeiten in der Berliner Wilhelmstraße in der Nähe des Hauses der Ministerien.

ben, um Fluchtversuche mit PKW oder LKW unmöglich zu machen.

Da es der DDR nach wie vor an internationaler Anerkennung fehlte, legte man großen Wert darauf, mit der Grenze auch den Staat völkerrechtlich zu dokumentieren. Im August 1967 erfolgte entlang der Staatsgrenze West eine großangelegte Markierungsaktion, bei der 2.622 Grenzsäulen mit schwarz-rot-goldener Bemalung und Plaketten mit DDR-Staatswappen errichtet sowie 13 Grenzbojen und 9.079 Grenzsteine gesetzt wurden.[31] In der Folgezeit achtete man streng darauf, daß diese Grenzmarkierungen von westlicher Seite aus nicht beschädigt wurden, was offiziell als ein Angriff auf die staatliche Integrität der DDR galt.

Nach der völligen Verhärtung der Positionen in den Jahren 1961 und 1962, als nahezu keinerlei Besuchskontakte möglich waren, schaffte ein Passierscheinabkommen in Berlin 1963 ein leicht entspanntes innenpolitisches Klima. Für die nächsten drei Jahre wurden auf diese Weise zumindest wieder zu den großen Feiertagen Verwandtenbesuche von Westberlinern im Ostteil der Stadt möglich. Erst 1964 erhielten DDR-Rentner wieder die Möglichkeit, Verwandte im Westen zu besuchen. Auch in dringenden Familienangelegenheiten, etwa bei Todesfällen, wurden Besuchserlaubnisse erteilt, wie allmählich auch Familienzusammenführungen möglich wurden.

Ab 1969/70 versuchte die Regierung der sozial-liberalen Koalition aus SPD und FDP mit Erfolg, die Grenzen in Deutschland durchlässiger zu machen, zunächst allerdings nur von West nach Ost. Mit Abschluß des Ber-

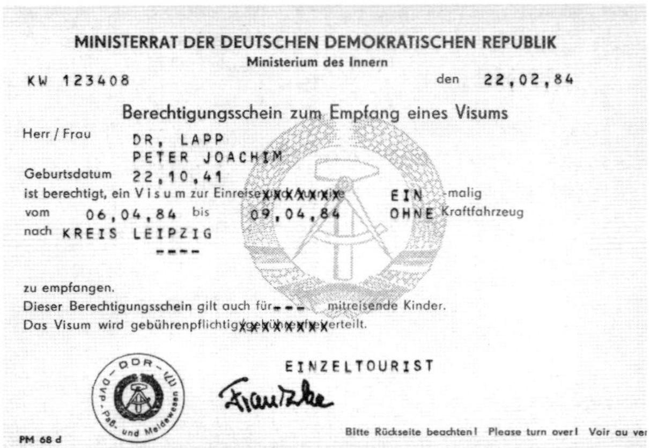

MINISTERRAT DER DEUTSCHEN DEMOKRATISCHEN REPUBLIK
Ministerium des Innern

KW 123408 den 22,02,84

Berechtigungsschein zum Empfang eines Visums

Herr / Frau DR, LAPP
PETER JOACHIM
Geburtsdatum 22,10,41
ist berechtigt, ein Visum zur Einreise XXXXXXX EIN -malig
vom 06,04,84 bis 09,04,84 OHNE Kraftfahrzeug
nach KREIS LEIPZIG
----

zu empfangen.
Dieser Berechtigungsschein gilt auch für --- mitreisende Kinder.
Das Visum wird gebührenpflichtig XXXXXXXX erteilt.

EINZELTOURIST

PM 68 d

Bitte Rückseite beachten! Please turn over! Voir au ver

Unterzeichnung des deutsch-deutschen Grundlagenvertrages am 21.12.1972, der zu einer Verbesserung des Reiseverkehrs führte; Berechtigungschein zum Empfang eines Einreisevisums in die DDR aus dem Jahre 1984 (unten).

liner Vier-Mächte-Abkommens am 3. September 1971 entspannte sich die Situation zwischen der BRD und der DDR; vor allem das Transitabkommen vom 17. Dezember 1971 machte die Lage in und um Berlin überschaubarer: Die DDR-Schikanen auf den Verkehrswegen von und nach Westberlin gingen zurück, die Kontrollen wurden auf eng begrenzte Mißbrauchsfälle beschränkt, eine schnellstmögliche Abfertigung angestrebt. Hohe Westgeldzahlungen an die DDR seitens der Bundesregierung sicherten die Verträge ab.

Mit Unterzeichnung des deutsch-deutschen Grundlagenvertrages am 21. Dezember 1972 und seinem Inkrafttreten 1973 wurden günstige Voraussetzungen für diverse Folgeabkommen zwischen den beiden deutschen Staaten geschaffen, die schließlich zu einem geregelten Neben- und Miteinander führten.

Allerdings mit Ausnahmen: Die DDR-Seite beharrte auf einer Art von Grenzsicherung, die dem Charakter der inzwischen erreichten innerdeutschen Beziehungen nicht mehr entsprach. Anfang der 70er Jahre installierten die Grenztruppen mehr und mehr Selbstschußgeräte an der innerdeutschen Grenze, verlegten Hunderttausende von Bodenminen und praktizierten uneingeschränkt den Schießbefehl gegen Flüchtlinge. Die Bundesregierung protestierte einerseits nachdrücklich bei schweren Grenzzwischenfällen und versuchte anderseits zugleich, hinter den Kulissen mit der DDR zu Absprachen zu kommen, die zur Abschaffung oder doch zumindest zu einer Modifizierung des Grenzregimes führen sollten. Jedoch ohne Erfolg. Die DDR baute ihr Grenzsperrsystem sogar noch aus: Ende des Jahres 1976 existierten 1.083 km Metallgitterzaun, an dem auf 248 km Länge Selbstschußgeräte angebracht waren, und auf 491 km existierten Bodenminenfelder.[32] An der Grenze zu Westberlin, wo sich Minen und Selbstschußanlagen nicht installieren ließen, wurde entsprechend häufiger vom Schießbefehl Gebrauch gemacht.

Zu den Erfolgen der deutsch-deutschen Entspannungspolitik nach dem Inkrafttreten des Grundlagenvertrages im Juni 1973 zählt immerhin, daß für die Bewohner von 56 grenznahen Stadt- und Landkreisen der Bundesrepublik (cirka 20 bis 120 km von der innerdeutschen Grenze gelegen) ein Tagesbesuch in 54 grenznahen Städten und DDR-Kreisen (ab August 1984 für zwei Tage) möglich wurde – bis zu neunmal in drei Monaten bzw. dreißigmal im Kalenderjahr. Auch die Benutzung von Privat-PKW war zulässig, jedoch genehmigungspflichtig. Um diesen neuen »grenznahen Verkehr« abzuwickeln, öffneten beide deutschen Staaten vier Straßenübergänge (Uelzen/Salzwedel; Duderstadt/Wor-

Oberzella (Thüringen) an der Grenze zu Philippsthal (Hessen), 1984

Oben: Sprengung der Dömitzer Eisenbahnbrücke (Ostseite) auf der Strecke von Ludwigslust und Schwerin (Mecklenburg) nach Dannenberg und Uelzen (Niedersachsen) im Juli 1987. Sie war bei amerikanischen Luftangriffen im April 1945 beschädigt worden.
Unten: Im Krieg zerstörte Straßenbrücke wenige Hunderte Meter westlich der alten Eisenbahnbrücke, Zustand 1983. Sie wurde nach der Wende abgerissen und durch eine neue ersetzt.

Oben: DDR-Grenzaufklärer auf dem Elbdeich am sogenannten Dreiländereck Niedersachsen, Schleswig-Holstein, Mecklenburg, 1987.
Unten: Grenzzaun und Beobachtungsturm am Elbufer bei Dömitz (Mecklenburg), 1984.

Grenzstreifen über die Junkerkuppe bei Lindewerra (Thüringen), 1984. An der Waldkante (links) ist deutlich der Grenzverlauf an den weißen Pfählen zu erkennen. Von dort bis zum ersten Metallgitterzaun war freies Schußfeld, gefolgt vom Spurensicherungsstreifen und

Kolonnenweg vor dem zweireihigen Metallgitterzaun, der eine Hundefreilaufanlage einschloß (rechts im Bild). Hinter dem letzten Schutzstreifenzaun mit seinen elektrischen Signaldrähten begann die 5-km-Sperrzone.

Oben: Grenzverlauf durch einen Fischteich der Palinger Heide (Mecklenburg) bei Eichholz (Nähe Lübeck), 1985.
Unten: Winterlandschaft zwischen Abbenrode (Sachsen-Anhalt) und Lochtum (Niedersachsen), 1985.

Oben: Grenzmauer unmittelbar am Ortsrand von Hanum (Sachsen-Anhalt), in der Nähe von Wittingen (Niedersachsen), 1983.
Unten: Unterbrochene Verbindung der B 89 zwischen Sonneberg (Thüringen) und Kronach (Bayern), 1985.

Unterbrochene Bahnlinie von Vacha (Thüringen) nach Philippsthal (Hessen), 1984.

Errichtung des zusätzlichen Grenzüberganges Salzwedel – Uelzen bei Bergen-Dumme (Niedersachsen); er wurde vorrangig für den »Kleinen Grenzverkehr« genutzt, 1976.

bis; Bad Neustadt/Meiningen; Coburg/ Eisfeld), die auch für den allgemeinen Reiseverkehr mit der DDR zur Verfügung standen.[33] Über diesen »Kleinen Grenzverkehr« in West-Ost-Richtung reisten ab Juni/Juli 1973 Hunderttausende in die grenznahen DDR-Kreise, sei es aus »touristischen Gründen« oder zum Besuch von Verwandten und Bekannten.

Für die Westberliner gab es seit Juni 1972 eine vergleichbare Regelung: Man konnte einmal oder mehrmals zu Besuchen von insgesamt 30 Tagen pro Jahr (ab August 1984 dann 45 Tage) nach Ostberlin einreisen. In »dringenden Familienangelegenheiten« hat man die Reisen auch dann noch gewährt, wenn das Jahreskontingent bereits erschöpft war.

In derartigen Fällen konnten seit 1972 erstmals auch DDR-Bürger im arbeitsfähigen Alter die Genehmigung zum Besuch von Verwandten in der BRD und Westberlin erhalten. Als solche galten Geburten, Taufen, Konfirmationen, Kommunionen, Jugendweihen, Eheschließungen, der 60., 65., 70., 75. und jeder weitere Geburtstag, lebensgefährliche Erkrankungen und Todesfälle. Antragsberechtigte Verwandte in der DDR waren: Großeltern, Eltern, Kinder, Geschwister und Halbgeschwister. Zehntausende reisten auf diese Weise ab 1972/73 pro Jahr in die BRD. DDR-Rentner, die schon seit 1964 in den Westen reisen durften, hatten seit 1972 die Möglichkeit, mehrmals im Jahr für insgesamt 30 Tage zu Besuchen zu fahren; seit August 1984 durften sie 60 Tage beanspruchen und auch Bekannte besuchen.[34]

Alles in allem überquerten ab 1972/73 Millionen Menschen die Grenzen in Deutschland zu Besuchen in Ost und West.

Stadt- und Landkreise, die 1987 in den »Kleinen Grenzverkehr« einbezogen waren.

Hinzu kamen Transitreisende von und nach Westberlin (1972: 10 Millionen; 1982: 19,5 Millionen). Die Bundesregierung entrichtete dafür millionenhohe DM-Beträge, da unter anderem die individuellen Visa- und Straßenbenutzungsgebühren der DDR, die diese von allen Ein- und Durchreisenden einforderte, von ihr pauschal übernommen wurden. Was dem Westbesucher individuell zu entrichten blieb, waren unterschiedliche DM-Beträge (Mindestumtausch/Zwangsumtausch), die von den DDR-Behörden pro Tag bei Einreisen in die DDR oder nach Ostberlin erhoben wurden. Von 1964 bis 1968 betrug dieser verbindliche Umtauschsatz 5 DM, danach 10 DM. Ende 1973 wurde er auf 20 DM erhöht, bei Tagesaufenthalten in Ostberlin genügten 10 DM. Diesen Betrag hatten jetzt auch Rentner zu bezahlen, die bisher vom Umtausch befreit gewesen waren. Auf Bonner Intervention und gegen entsprechende Ausgleichszahlungen wurde der Pflichtumtausch für Rentner bald wieder auf 13 DM gesenkt und Ende 1974 abgeschafft. Ab Oktober 1980 mußten jedoch alle Erwachsenen 25 DM pro Tag eintauschen, lediglich Kinder unter sechs Jahren waren befreit, und für Jugendliche bis 15 Jahren war ein reduzierter Satz von 7,50 DM festgelegt worden. Verhandlungen zwischen Bonn und Ostberlin führten 1984 schließlich dazu, daß Rentner nur noch mit 15 DM pro Tag zur Kasse gebeten wurden und Kinder und Jugendliche bis zum 14. Lebensjahr vom Zwangsumtausch ausgenommen waren.

Wegen des starken Anstiegs des grenzüberschreitenden Reise- und Besucherverkehrs mußten die DDR-Dienststellen die Abfertigungsanlagen erheblich erweitern. In den 70er und frühen 80er Jahren entstanden deshalb riesige Grenzkontrollpunkte, in erster Linie an den Autobahnen von und nach Berlin.

Die größten derartigen Grenzübergangsstellen (Abkürzung: GÜST) waren Marienborn und Drewitz an der Transitstrecke von und nach Berlin. Die Kontrollen besorgten Paßkontrolleinheiten (PKE) des MfS in Uniform der DDR-Grenztruppen.

Grenzübergang Marienborn – Helmstedt auf der Transitstrecke zwischen der Bundesrepublik und Berlin, 1965.

(Die NVA-Grenztruppen waren im Januar 1974 aus der regulären Armee wieder ausgegliedert worden und wurden bis zum Ende der Republik als Grenztruppen der DDR weiter vom Verteidigungsministerium geführt. Sie zählten Mitte der 70er Jahre rund 48.000 Angehörige.)

Die Kontrollen verliefen gelegentlich reichlich rabiat und obrigkeitsstaatlich, bei vielen Einreisenden bzw. Durchreisenden lösten sie Angst oder Beklemmungen aus. In einigen Fällen verursachten die Kontrollen sogar gesundheitliche Beschwerden, zum Beispiel Herzanfälle. Derartige Kontrollmethoden führten manchmal auch zu ernsten Problemen: Der Tod eines Bundesbürgers am 10. April 1983 auf dem Gelände der GÜST Drewitz und der Tod eines weiteren Menschen am 26. April 1983 in der GÜST Wartha (»Herzversagen«) belasteten das Verhältnis Bonn – Ostberlin erheblich. Die Grenzbehandlung verbesserte sich erst aufgrund von internen Absprachen im Verlaufe des Besuchs von Franz Josef Strauß, seinerzeit bayerischer Ministerpräsident und CSU-Chef, im Juli 1983 bei Erich Honecker.

Die Vermittlung eines DM-Milliardenkredits für die DDR veranlaßte die SED-Führung zudem, auch den Abbau der Selbstschußgeräte und der Bodenminen zuzusagen, was für die DDR-Grenztruppen ebenso überraschend kam wie für die UdSSR.[35] Die Splitterminen des Typs 501/701 (SM-70) wurden dann bis zum 30. November 1984 beseitigt, die Bodenminen – bis auf Reste – bis Oktober 1985 geräumt.[36]

Die so erreichte Verminderung der Gewaltdichte an der innerdeutschen Grenze führte in der Folge zu verstärkten Bemühungen der DDR, ihre »Hinterlandsicherung« zu verbessern. Doch noch galt ein am 25. März 1982 von der Volkskammer einstimmig verabschiedetes Grenzgesetz, das in § 27 den Schußwaffengebrauch eindeutig vorsah. Die aufgrund dieser gesetzlichen Regelungen festgelegten Schußwaffengebrauchsbestimmungen wurden zwar zurückhaltender als zuvor angewendet, blieben aber grundsätzlich bis 1989 in Kraft.

Den Boden für die neuen Regelungen infolge des Strauß-Besuches hatte unter anderem die gemeinsame Grenzkommission DDR–BRD bereitet, die sich seit 1973 um mehr Normalität an den deutsch-deutschen Grenzen bemühte. Im November 1978 hatte sie ein Protokoll verabschiedet, das – mit Ausnahme des ungeklärten Elbeabschnittes – den Grenzverlauf verbindlich regelte und Bestimmungen enthielt, mit dem Grenzverlauf verbundene Probleme (Katastrophenschutz/Wasser- und Energiewirtschaft) künftig einvernehmlich zu lösen.

In den 80er Jahren gelang es, weitere innerdeutsche Abkommen über fast alle Lebensbereiche abzuschließen oder vorzubereiten. Sogar die grenzüberschreitende Nutzung von Bodenschätzen wurde möglich. Es kam zu Übereinkünften zum Braunkohleabbau bei Helmstedt/Harbke, zur Gewinnung von Erdgas im grenzüberschreitenden Feld von Wustrow/Salzwedel und zum Abbau von Kalisalzen im Grenzbereich von Hessen und Thüringen. Selbst kostenaufwendige gemeinsame Umweltschutzvorhaben an der innerdeutschen Grenze leitete man ein. Zusammen mit ständigen Verbesserungen des Post- und Fernmeldewesens, des innerdeutschen Handels und der humanitären Angelegenheiten ergab sich Ende der 80er Jahre ein dichtes Geflecht zwischenstaatlicher Vereinbarungen, das auch den Menschen in der Grenzregion Vorteile brachte.

Grundlagenvertrag plus Folgeabkommen, Grenzkommission plus Politikerkontakte haben die Grenze durchlässiger gemacht, wodurch Millionen alte und neue Kontakte hergestellt bzw. aufgefrischt werden konnten. Ebenso wurde erreicht, daß der Schießbefehl in den späten 80er Jahren in sogenannten Sicherungsperioden zeitweilig ausgesetzt und schließlich im April 1989 die Bestimmung erlassen wurde, nur noch beim Angriff auf das eigene Leben von der Schußwaffe Gebrauch zu machen.

Die Verantwortlichen in der DDR sind auf diese Entwicklung nur zurückhaltend und zögernd eingegangen, doch waren sie allmählich von den damit verbundenen Milliardenzahlungen aus der Bundeskasse abhängig geworden. Diese wurden zu einem Teil auch dazu verwandt, neue Verkehrsverbindungen zu bauen und vorhandene zu rekonstruieren. So geht zum Beispiel der Neubau der Autobahn Hamburg – Berlin auf das Konto derartiger innerdeutscher Vereinbarungen.

Hochwasserschäden am Metallgitterzaun bei Lindewerra (Thüringen), 1984.

Grenzübergang an der Berliner Oberbaumbrücke zwischen den Stadtbeziken Friedrichshain und Kreuzberg, der im Rahmen der Reiseregelungen – vor allem von ostdeutschen Rentnern – genutzt wurde, 1987.

Milliarden verschlang zugleich aber auch die Absicherung der DDR-Grenze, deren Schutz nach Abbau der Splitter- und Bodenminen personalintensiver geworden war, zumal der Druck auf die Grenze ab Mitte der 80er Jahre wieder zunahm. Die Bürger der DDR mußten weiter auf dauerhafte, berechenbare Gesetze für Westreisen warten, und ihre legalen Ausreisemöglichkeiten waren erheblich eingeschränkt. Zwar hatte die DDR 1975 auch die Schlußakte der Konferenz für Sicherheit und Zusammenarbeit in Europa (KSZE) unterzeichnet und im sogenannten »Korb 3« ihre Absicht bekundet, Familienzusammenführungen und »Reisen aus persönlichen und beruflichen Gründen« zuzulassen, doch wurde dies höchst restriktiv gehandhabt. Auf vielfältige Weise wurde versucht, »Übersiedlungsersuchen« bereits im Keim zu ersticken. Innenministerium und MfS schufen Koordinierungsgruppen, die ein abgestimmtes Vorgehen gegen »Antragsteller« berieten, das von sozialen Verlockungen (etwa eine neue Wohnung) bis zu Berufsverboten reichte. Dennoch stieg die Zahl der »Anträge auf dauerhafte Ausreise« seit 1976 von Jahr zu Jahr an.

In den Jahren 1988 und 1989 gelang es den »Ausreisern« dann zunehmend, über Botschaften der BRD im sozialistischen Ausland die DDR zu verlassen. Auch über die Ständige Vertretung der Bundesrepublik bei der DDR in Ostberlin glückte es DDR-Bewohnern, den Westen zu erreichen.

Abbau des »Eisernen Vorhanges« an der ungarisch-österreichischen Grenze, Mai 1989.

Anfang Mai 1989 begann Ungarn damit, seine Grenzanlagen zu Österreich abzubauen – zum Entsetzen der SED-Führung, die in Budapest heftig protestierte und sich in Moskau beschwerte. Doch vergeblich. Die ungarische Reform-KP-Leitung hatte von Michail Gorbatschow, seit 1985 erster Mann der KPdSU, nichts mehr zu befürchten. Der neue sowjetische Führer betonte die Eigenständigkeit eines jeden Staates im Warschauer Pakt und das Prinzip der Nichteinmischung. Daß die Ungarn die Grenzsicherung im Sommer 1989 nur noch lax handhabten, sprach sich in der DDR schnell herum: Tausende planten ihren Urlaub in Ungarn mit der Absicht, eine günstige Gelegenheit zur Flucht zu nutzen. Andere DDR-Bürger flüchteten in die bundesdeutsche Botschaft in Budapest, später auch in die Vertretungen der BRD in Warschau und Prag, wo sie auf die Ausstellung bundesdeutscher Pässe drängten. Die Vertretungen Bonns waren dazu auch verpflichtet, da die BRD immer an der einen deutschen Staatsangehörigkeit festgehalten hatte.

Nach einer Massenflucht an der ungarisch-österreichischen Grenze im August 1989 öffnete Ungarn am 11. September 1989 offiziell seine Staatsgrenze. Zehntausende DDR-Bürger kamen in den folgenden Tagen und Wochen über diese Grenze in den Westen. Im Vorfeld des 40. Jahrestages der DDR am 7. Oktober 1989 ließ die SED-Führung dann auch die Botschaftsbesetzer von Prag und Warschau gen Westen ziehen, wenn auch über den Umweg des DDR-Territoriums.

Durch diese Entwicklung wurde der unmittelbare Druck auf die innerdeutsche Grenze seit Mitte 1989 schlagartig geringer. Zu den politischen Forderungen der Demonstranten im Herbst 1989 zählte an vorderster Stelle aber weiterhin die Reisefreiheit. Der Entwurf eines halbherzigen Reisegesetzes, das keinen Umtausch von Devisen, eine komplizierte Antragstellung und nicht näher definierte Versagensgründe enthielt, wurde von den Massen auf den Straßen empört zurückgewiesen. »Visafrei bis Hawaii« lautete die Forderung auf den Plakaten. Um den Druck zu entschärfen, beabsichtigte die neue Parteiführung unter Egon Krenz – Partei- und Staatschef Erich Honecker war am 18. Oktober 1989 zurückgetreten –, kurzfristig eine Verordnung zur Regelung ständiger Ausreisen in Kraft zu setzen. Die mit der Ausarbeitung beauftragten Offiziere von MdI und MfS arbeiteten aber auch das Recht zu privaten Besuchsreisen mit ein, was vom SED-Politbüro-Mitglied Schabowski am Abend des 9. November 1989 vorzeitig verkündet wurde, ohne daß zuvor die Grenztruppen informiert worden waren. Die Massen strömten noch in der gleichen Nacht an die Grenzübergänge und erzwangen den freien Zugang nach Westberlin. Es ist fast ein Wunder, daß in dieser völlig unüberschaubaren Situation kein Grenzoffizier die Nerven verlor und es zu keinen Zwischenfällen kam.

Nachdem einmal die Tore geöffnet waren, wurden die Grenzer kaum noch beachtet. Zu Zehntausenden drängten die Menschen in der Nacht zum 10. November 1989 nach Westberlin und ins Bundesgebiet, unbehelligt von den Grenztruppen, die diesen Schritt eigentlich jahrzehntelang verhindern sollten. Der Jubel war unbeschreiblich.

Für die knapp 50.000 Angehörigen der DDR-Grenztruppen begann eine Zeit der Ungewißheit und teilweise der Demoralisierung. Um die ehemalige Prätorianergarde der SED kümmerte sich kein leitender Politiker mehr. »Abwicklung« war angesagt; Anfang 1990 war das Personal bereits um rund 50 Prozent reduziert. Eine am 26. Februar 1990 beschlossene DDR-Militärreform sah vor, die Formationen aus dem Verteidigungsministerium herauszulösen und sie wieder dem Innenministerium zu unterstellen. Geplantes Personal: 15.000 Mann. Am 2. April 1990 erließ der gerade noch amtierende DDR-Verteidigungsminister Admiral Theodor Hoffmann den Befehl zur Bildung eines Grenzschutzes der DDR, obwohl bei den ersten freien Volkskammerwahlen in der DDR am 18. März die »Allianz für Deutschland« eine absolute Mehrheit errungen hatte und ein baldiger Zusammenschluß mit der Bundesrepublik anstand. Einige Offiziere der Grenztruppen suchten daher Kontakte zum früheren Klassenfeind, dem Bundesgrenzschutzverband, um ihr Überleben zu planen.

Mit der Herstellung der deutschen Währungs-, Wirtschafts- und Sozialunion am 1. Juli 1990 entfielen dann sämtliche Kontrollen an den innerdeutschen Grenzen. Die Grenzer hatten ausgedient. Am 21. September 1990 verfügte Rainer Eppelmann, Minister für Abrüstung und Verteidigung in der Regierung von Lothar de Maizière, die offizielle Auflösung der Grenztruppen. Der Bundesgrenzschutz (BGS) übernahm mit der deutschen Wiedervereinigung am 3. Oktober 1990 ausgewählte ehemalige DDR-Grenzer, darunter zunächst sogar auch Angehörige der Paßkontrolleinheiten des MfS.

Nach Öffnung der Berliner Mauer in der Nacht vom 9. zum 10. November 1989: Übergang Bornholmer Straße zwischen Prenzlauer Berg und Wedding am 12. November 1989.

Nach dem Ende der DDR setzte alsbald eine juristische Aufarbeitung von begangenem Unrecht ein, darunter auch Ermittlungsverfahren und Strafprozesse gegen ehemalige Angehörige der Grenztruppen. Ermittelt und verhandelt wurde gegen Grenzsoldaten, die an der Berliner Mauer und der innerdeutschen Grenze auf Flüchtlinge geschossen und diese dabei getötet oder verletzt hatten. Inzwischen sind mehr als fünfzig »Grenzerprozesse« abgeschlossen, die zumeist mit Bewährungsstrafen bis zu zwei Jahren wegen Totschlags endeten.

Wegen Beihilfe zum Totschlag an Flüchtlingen stehen seit Ende 1992 auch mehrere Angehörige der alten Partei- und Staatsführung der SED/DDR vor Gericht, da sie für das Grenzregime verantwortlich zeichneten. Zumindest haben Mitglieder des Nationalen Verteidigungsrates der DDR die Methoden der Grenzsicherung billigend in Kauf genommen – auch wenn diese Angeklagten einwenden, ursächlich nicht für die Zustände an den DDR-Grenzen verantwortlich gewesen zu sein. Ihre Schutzbehauptungen verweisen auf entsprechende sowjetische Auflagen aus den 60er und 70er Jahren. Diese waren in der Tat recht konkret. Aber seit Mitte der 80er Jahre mischte sich die UdSSR unter Michail Gorbatschow in diese Angelegenheiten nicht mehr ein. Belege dafür sind der einseitig von der DDR verfügte Abbau der Splitter- und Bodenminen 1984/85, das relativ häufige Aussetzen des Schießbefehls in den späten 80er Jahren und schließlich die Bestimmung vom April 1989, nur noch beim Angriff auf das eigene Leben von der Schußwaffe Gebrauch zu machen – eine Anweisung der Grenztruppenführung, die an die Grenzsoldaten erging und die man auch früher hätte erlassen können.

Die Organisation der Grenzsicherung bis zum Ende der 70er Jahre

Von Anfang an bestimmten die Sowjets in ihrer Besatzungszone und dann auch in der späteren DDR Art und Weise der Grenzsicherung. Zunächst besaßen die sowjetischen Kommandeure innerhalb der zum Grenzdienst eingesetzten deutschen Truppenteile absolutes Weisungsrecht: Sie bestimmten, wie die zweckmäßigste Form des Grenzdienstes beschaffen sein sollte, wie der Posteneinsatz vorzunehmen war, welche Aufgaben die Grenzüberwachung beinhaltete. Offiziell erhielt die Grenzpolizei der SBZ-Länder anfänglich folgende Funktionen zugeteilt:

– entsprechend den Weisungen der Besatzungsmacht und gemeinsam mit den zum Grenzdienst abgestellten Sowjetsoldaten die Demarkationslinie und die Grenzen der SBZ zu überwachen, den grenzüberschreitenden Verkehr in geordnete Bahnen zu lenken und illegale Grenzübertritte nicht zuzulassen;

– für Ruhe und Ordnung im Grenzgebiet zu sorgen, Banden zu bekämpfen, nach Kriegs-, Nazi- und sonstigen Verbrechern zu fahnden und ihr Entkommen über die Grenze zu verhindern;

– die illegale Aus- und Einfuhr von Waren sowie jeglichen Schmuggel und Schwarzhandel zu unterbinden.[37]

Die Personalstärke der Grenzpolizei in der SBZ belief sich anfangs auf nur rund 2.500 Mann, die – nach heutigem Verständnis – erbärmlich ausgerüstet waren. Doch schon Mitte 1947 waren die Verbände auf 4.000 Angehörige angewachsen. Dabei achteten Sowjets wie deutsche Kommunisten darauf, vor allem »bewährte Antifaschisten« für die Grenzpolizei zu gewinnen.

Am 23. August 1947 erließ der Oberkommandierende der sowjetischen Besatzungstruppen dann »Richtlinien für die Organe der deutschen Polizei zum Schutz der Demarkationslinie in der Sowjetischen Besatzungszone Deutschlands«. Die Grundaufgabe war gemäß § 1 dieses Dokuments die Bewachung der Grenzen und Demarkationslinien »nach den von den Kommandeuren der sowjetischen Besatzungstruppen erlassenen Bestimmungen«.

In § 20 wurde erstmals so etwas wie ein Schießbefehl formuliert: »In folgenden Fällen dürfen Grenzeinheiten/Grenzpolizeiangehörige von der Waffe Gebrauch machen:

a) bei einwandfreiem Überfall auf den Posten (...);

b) bei Flucht von Grenzübertretern und Übertretern der Demarkationslinie, wenn andere Möglichkeiten der Festnahme erschöpft sind (Anruf, Warnschuß in die Luft);

c) bei Flucht von Zwangsgestellten und Transportgefangenen. Den Angehörigen der Grenzpolizei ist ein zielloses Schießen verboten.«[38]

Die Richtlinien enthielten im übrigen Vorschriften zur Festnahme und Registrierung von Grenzübertretern, die der regulären Polizei überstellt werden sollten. Eine Bestrafung konnte erfolgen, war aber nicht zwingend vorgeschrieben. Nach Angaben der Sowjets und der deutschen Grenzpolizei der SBZ-Länder hat man in den Jahren bis 1949 Hunderttausende von Grenzübertretern zeitweilig festgenommen und Schieberware im Werte von Millionen Mark beschlagnahmt.

Vor allem nach der Währungsreform 1948 verstärkte sich der Schmuggel. Wiederholt kam es zu ernsten Zwischenfällen, mehrere Grenzpolizisten wurden bei Schießereien mit Banden verletzt. Aus gegebenem Anlaß erging Ende 1948 ein scharfer Befehl, »eine wilde und planlose Erwiderung des Banditenfeuers vom Westen

Erste Grenzmarkierungen der Besatzungszonen Anfang der fünfziger Jahre zwischen Gollensdorf (Sachsen-Anhalt) und Forsthaus Wirl bei Nienwalde (Landkreis Lüchow-Dannenberg).

her« zu unterlassen und seitens der Vorgesetzten mit allen Mitteln zu unterbinden sowie »jedes Überschreiten der Demarkationslinie« durch Grenzpolizeiangehörige »bei der Verfolgung derartiger Banditen unbedingt« zu vermeiden.[39]

(Im nachhinein hat die DDR-Geschichtsschreibung die komplizierten Jahre an der Demarkationslinie verklären lassen und insbesondere den Einsatz der SBZ-Grenzer romantisiert.[40] Dazu paßte eine gewisse Heldenverehrung der ersten Opfer des Grenzdienstes. Im Spätsommer 1949 beispielsweise kamen unter nie ganz geklärten Umständen zwei Grenzpolizisten ums Leben, die angeblich ermordet wurden.[41])

Insgesamt zeichneten sich die Jahre von 1945 bis 1949 durch eine große Unruhe an der Demarkationslinie aus. Hunderttausende waren nicht bereit, diese provisorische Grenze der Besatzungsmächte zu akzeptieren, zumal der Ost-West-Wirtschaftsverkehr traditionell über diese »Grüne Grenze« hinwegging. Den Grenzübertretern passierte seinerzeit in aller Regel auch nichts Ernstliches. Sowjets und Grenzpolizei konnten das Überschreiten der Demarkationslinie allenfalls be-, nicht aber verhindern. Vorrangig wurde versucht, mit administrativen Mitteln wie der Einführung von Interzonenpässen und Aufenthaltsgenehmigungen den privaten Reiseverkehr über die Demarkationslinie einzuschränken.

Nach Gründung der DDR kamen auf die Grenzpolizei dann neue Aufgaben zu. Nun sollte auch nach außen hin dokumentiert werden, daß es sich bei der Demarkationslinie um eine Grenze zwischen den beiden neuen Staaten in Deutschland handelte. Aus diesem Grunde übernahm die inzwischen zentral geleitete Deutsche Grenzpolizei (DGP) am 10. Juni 1950 von der sowjetischen Besatzungsmacht die Kontrollfunktionen an den (Grenz)Kontrollpassierpunkten (KPP) der DDR. Lediglich der Verkehr der Alliierten und sonstiger ausländischer Staatenvertreter blieb unter Kontrolle der Sowjets.

Ab 1. November 1950 durfte gemäß dem DDR-Gesetz über den innerdeutschen Handel und seiner 3. Durchführungsverordnung der gesamte Waren- und Fahrzeugverkehr zwischen der Bundesrepublik und Westberlin, zwischen der DDR und Westberlin sowie zwischen der DDR und Ostberlin nur noch über festgelegte Kontrollpunkte abgewickelt werden. Dazu errichtete man zwei KPP für den Verkehr zwischen der BRD und Westberlin, fünf KPP zwischen der DDR und Westberlin und neun KPP zwischen der DDR und Ostberlin.[42]

Eine wirkliche Verschärfung des Grenzregimes trat dann zweieinhalb Jahre nach Gründung der DDR ein: Ende Mai 1952 wurde eine deutliche Absperrung der Demarkationslinie eingeleitet, die zu einer verschärften Grenzsicherung führte. Inzwischen war die Grenzpolizei auf 20.000 Mitarbeiter angewachsen und am 16. Mai 1952 dem Ministerium für Staatssicherheit unterstellt worden. Sowjetische Kontrollkommission und MfS schufen damals ein Grenzregime, das bis zum Ende der DDR Bestand hatte. Die auf direkte Anweisung der SKK erlassene Polizeiverordnung des MfS vom 27. Mai 1952 (siehe 1. Kapitel) regelte das Anlegen von Sperrzonen und Kontrollstreifen und enthielt genaue Auflagen für die Grenzbevölkerung über Meldepflichten und Arbeitserlaubnisse, über Einreiseformalitäten sowie über das tägliche Leben im Grenzgebiet. Es häuften sich die Verbote.[43] Auch an der DDR-Küste führte man ab Juni 1952 eine 5-km-Schutzzone ein.

Die Verordnung des MfS gab der DGP die Möglichkeit, von nun an eine DDR-Grenzsicherung mit Sperrelementen anzulegen, das neue Grenzgebiet zu überwachen und – durch ergänzende Maßnahmen – »unzuverlässige Elemente« aus dem Grenzgebiet zu verbannen. Fortan wurden Straßen unterbrochen und gesperrt, Häuser abgerissen, Wachtürme errichtet, Zäune gezogen. Die innerdeutsche Grenze nahm Gestalt an. Aus einem geeggten Bodenstreifen als Markierungslinie wurde im Laufe der Jahre ein regelrechtes Bauwerk.

Zur besseren Hinterlandüberwachung übernahmen ab August 1952 »Werktätige der Grenzbezirke der Republik ... die gesellschaftliche Aufgabe, die Deutsche Grenzpolizei in ihrer verantwortlichen Tätigkeit als Grenzpolizeihelfer zu unterstützen«[44]. Am 25. August 1952 standen erstmals 543 freiwillige Helfer der Grenzpolizei im Streifen- und Beobachtungsdienst; 1955 waren es bereits rund 5.000 Personen, die die grüne Armbinde mit der Aufschrift »GPH – Grenzpolizeihelfer« trugen.

In den folgenden Jahrzehnten dienten Tausende dieser Helfer als »Augen und Ohren« im unmittelbaren Grenzhinterland, vor allem in ihrer Freizeit. Hauptaufgabe: das Erkennen von Ortsfremden, von möglichen Grenzverletzern, vor den Sperrelementen an der Staatsgrenze. Die späteren Freiwilligen Helfer der Grenztruppen wurden in den 70er und 80er Jahren zu einer wichtigen Säule der Grenzsicherung innerhalb der 5-km-Sperrzone bzw. des DDR-Grenzgebietes.[45]

Am 1. Januar 1954 verfügte die DGP bereits über 34.000 Mann und sicherte eine weitgehend lückenlose Grenzkontrolle. Am 22. Oktober 1955 übergaben die Sowjets schließlich auch die Sicherungsfunktionen an der Oder-Neiße-Grenze zu Polen der DGP. Kurz darauf, am 1. Dezember 1955, übernahmen die Formationen der DGP – nach Abschluß des Vertrages über die Beziehungen zwischen der DDR und der UdSSR vom 20. September 1955, in dem eine Teilsouveränität der DDR geregelt war – die alleinige Kontrolle und Bewachung an der Staatsgrenze der DDR und am Außenring von Groß-Berlin sowie an den Verbindungswegen zwischen der BRD und Westberlin. Ausgenommen war weiterhin die Kontrolle des Verkehrs von Truppen und Gütern der in Westberlin stationierten Westalliierten.

Obwohl es nach der Bildung der Nationalen Volksarmee Anfang 1956 nahegelegen hätte, die Grenzpolizei mit ihren angeblich vorrangig äußeren Schutzfunktionen dort einzugliedern, wurde sie am 1. März 1957 dem Verantwortungsbereich des DDR-Innenministeriums zugeordnet. Ähnlich wie der Bereitschaftspolizei kam ihr die Funktion einer inneren Truppe zu, war sie doch tatsächlich auch vornehmlich für die innere Abschottung zuständig. Als Rechtsgrundlage dienten ab

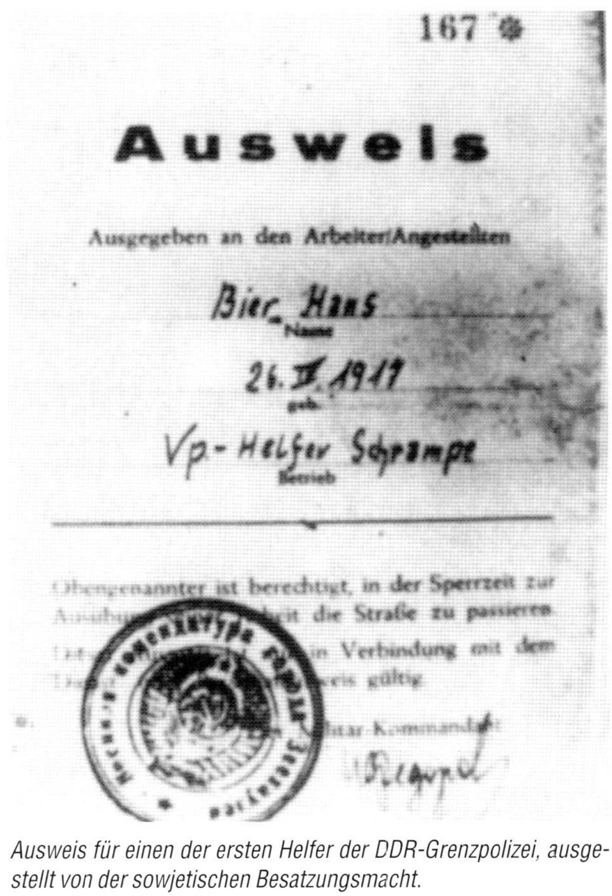
167
Ausweis
Ausgegeben an den Arbeiter/Angestellten
Bier, Hans
Name
Vp-Helfer Schrampe
Betrieb

Ausweis für einen der ersten Helfer der DDR-Grenzpolizei, ausgestellt von der sowjetischen Besatzungsmacht.

Grenzwachturm der 1. Generation (aus Holz) zwischen Ellrich und Walkenried (Harz).

1954 das DDR-Paßgesetz mit seinen späteren Modifikationen und das Strafrechtsergänzungsgesetz (StEG) vom 11. Dezember 1957, wonach Flüchtlinge mit bis zu drei Jahren Haft bestraft werden konnten.

Im Zuge der Umstrukturierung der DGP erließ das neue Kommando der Deutschen Grenzpolizei am 12. September 1958 eine äußerst umfängliche »Dienstvorschrift für den Dienst der Grenzposten«, die Art und Weise der Grenzsicherung festschrieb. Danach wurden zur Sicherung der Staatsgrenze folgende Arten/Typen von Grenzposten eingesetzt:

1.) Die *Grenzstreife*, ein beweglicher Grenzposten aus zwei oder mehreren DGP-Angehörigen, die von einem Postenführer geleitet wurden. Aufgaben: Personenkontrolle im Grenzabschnitt, Kontrolle von Arbeiten in Grenznähe, der pioniertechnischen Mittel einschließlich der Signalgeräte, eventuell Festnahme von Grenzverletzern, Halten der Verbindung über das Grenzmeldenetz zur Grenzkompanie sowie Luftraumbeobachtung. Und gemäß Ziffer 43 der Dienstvorschrift: »Die Grenzstreife hat besonders auf die vorhandenen örtlichen Unterschlupf-, Deckungs- und Tarnungsmöglichkeiten (Gebäude, Gräben, Bodenbewachsungen), die die Grenzverletzer ausnützen könnten, und auf neu auftretende Veränderungen im Gelände zu achten.«

2.) Die *Kontrollstreife*, ein beweglicher Grenzposten, ebenfalls bestehend aus zwei oder mehreren Grenzpolizisten, mit einem Unteroffizier als Postenführer. Aufgaben: Kontrolle des 10-m-Kontrollstreifens bei Tag und Nacht, der pioniertechnischen Anlagen (Drahtsperren, Hindernisse, Signalgeräte), der Grenzmarkierung, des Uferstreifens und der Grenzposten (!) sowie Überprüfung des Grenzmeldenetzes.

3.) Der getarnte *Posten*, ein unbeweglicher Grenzposten, bestehend aus zwei oder mehreren Grenzern, die getarnt eingesetzt wurden zur Sicherung eines bestimmten Abschnittes, in dem Grenzverletzer vermutet wurden. Die Dienstzeit dieses Postens durfte sechs Stunden nicht überschreiten (ansonsten betrug der Grenzdienst acht Stunden!).

4.) Der *Wachposten* an der Grenze, am Schlagbaum, an Grenzbrücken, Anlegestellen und bei der Grenzeinheit selbst (Objektsicherung).

5.) Der *Beobachtungsposten,* ein Grenzposten aus zwei oder mehreren Grenzern, der bestimmt war zur Beobachtung des angrenzenden Staates, des eigenen Geländes, bestimmter Objekte, des Luftraumes oder zur Sicherung eines bestimmten Grenzabschnittes. Die Beobachtung wurde von offenen oder gedeckten Stellen aus geführt. Hierzu zählten Beobachtungstürme, Erdbeobachtungsstellen, Baumbeobachtungsstände. Der Posten hatte alle ungewöhnlichen Vorkommnisse der Grenzkompanie zu melden. Dazu gehörten die Vorbereitung von Grenzverletzungen, verdächtige Signale und Zeichen, Ansammlungen an der Grenze sowie Versuche zur Beschädigung von Grenzzeichen.

6.) Die *Patrouille*, ein Grenzposten von mindestens zwei DGP-Angehörigen. Sie bestimmte mit, was im Ab-

Pflügen des Kontrollstreifens durch Angehörige der Deutschen Grenzpolizei zwischen Salzwedel und Bergen-Dumme in der Nähe der B 71, Ende der fünfziger Jahre; unten: westdeutscher Förster am Kontrollstreifen zwischen Ziemendorf und Prezelle (Niedersachsen).

Errichtung von Stacheldrahtabsperrungen unmittelbar nach dem 13. August 1961 in Berlin (oben) und zwischen Böckwitz (Sachsen-Anhalt) und Zicherie (unten).

schnitt der Grenzkompanie zu kontrollieren war; ihre Posten bzw. Grenzer konnten mit Skiern, Fahrrädern und Kfz ausgestattet sein. Als Postenführer waren ein Offizier oder ein erfahrener Unteroffizier einzusetzen. Entsprechend Ziffer 104 war die Patrouille verpflichtet, folgende Aufgaben zu erfüllen: »Auf ihren Kontrollgängen… auf alle Anzeichen von Grenzverletzungen zu achten und alle erforderlichen Maßnahmen zur Festnahme der Grenzverletzer zu treffen; die Ausweise aller Personen auf das Recht zum Aufenthalt im Sperrgebiet zu kontrollieren und verdächtige Personen der Grenzkompanie zuzuführen; Ortsbewohner, die im Grenzgebiet, in der Nähe der Grenze oder auf Grenzflüssen ihre Arbeit verrichten, zu kontrollieren; Versammlungen, Kundgebungen und sonstige Zusammenkünfte im Sperrgebiet auf Genehmigung und Einhaltung der Bestimmungen zu kontrollieren.«

7.) Die *Suchgruppe*, ein Grenzposten aus mindestens drei Grenzern, die eingesetzt waren zur Verfolgung, Suche und Festnahme von Grenzverletzern, Verbrechern und Fallschirmjägern, die sich im Grenzgebiet versteckt hielten. Die Suchgruppe unter Leitung eines Offiziers oder erfahrenen Unteroffiziers war verpflichtet, mit der Grenzbevölkerung, den freiwilligen Helfern der DGP bzw. den GPH-Gruppen, den Abschnittsbevollmächtigten der Volkspolizei sowie den örtlichen Partei- und Staatsfunktionären zusammenzuarbeiten.[46]

Diese bis ins Detail gehenden Bestimmungen der Grenzsicherung durch DGP-Angehörige sind in den Jahren nach 1958 zwar noch mehrfach modifiziert worden, blieben in ihrer Substanz aber bis zum Ende der DDR in Kraft. Das XI. Kapitel dieser Dienstvorschrift (Fassung von 1958) enthielt auch genaue »Schußwaffengebrauchsbestimmungen«. Danach waren Waffen unter anderem einzusetzen »nach Anruf bzw. Stoppzeichen« bei der »Verfolgung von Grenzverletzern in Richtung Deutsche Bundesrepublik, wenn sie unmittelbar den 10-m-Kontrollstreifen erreichen, andere Möglichkeiten der Festnahme nicht mehr bestehen und das Geschoß die Grenze nicht überfliegen kann«, bzw. »nach erfolgtem Anruf und Warnschuß« zur »Festnahme von Grenzverletzern«. Getötete Personen waren von den Grenzern unverändert liegen zu lassen, der Tatort sollte gesichert werden, und die Grenzkompanie war zu verständigen. Lag der Tote unmittelbar an der Grenze und gab es Anzeichen »von Provokationen und Menschenansammlungen jenseits der Grenze«, war die getötete Person an einen »gedeckten Ort« zu verbringen. Wurde die Person durch Schußwaffeneinsatz verletzt, so war ihr »sofort, unter Einhaltung der Sicherungsmaßnahmen, Hilfe

Reste abgerissener Häuser in der Bernauer Straße (Berlin-Mitte) wurden bis Ende der siebziger Jahre als Grenzmauer genutzt.

zu leisten«. Wie jedoch ein Grenzer feststellen sollte, ob eine Person verletzt oder getötet war, geht aus den Anweisungen nicht hervor.

Auch diese Bestimmungen von 1958 blieben im wesentlichen bis in die Endphase der DDR-Grenzsicherung unverändert. Während in den ersten Jahren der Einsatz von Schußwaffen gegen Flüchtlinge eher die Ausnahme blieb, kam es nach dem Mauerbau – vor allem in Berlin – zum einem häufigeren Gebrauch.

Mit den Maßnahmen am 13. August 1961 in Berlin traten dann auch an der innerdeutschen Grenze Bestimmungen in Kraft, die die Grenzsicherung verschärften. Die bereits seit Frühjahr 1958 ausgebauten Sperranlagen wurden nunmehr durch Bodenminenfeldern komplettiert, die eine Flucht nur unter Lebensgefahr erlaubten. Dies war in der Logik der Verantwortlichen notwendig geworden, da nach der hermetischen Abriegelung der »Fluchtburg« Westberlin der Druck auf die »Grüne Grenze« und die Küste erheblich zunahm.

Das DDR-Innenministerium erließ am 14. September 1961 einen Befehl (Nr. 39/61), der der »Gewährleistung der Sicherheit an der Westgrenze der DDR« gewidmet war und durch den die Sperrmaßnahmen intensiviert werden sollten.[47] Zuvor erging eine von Walter Ulbricht unterzeichnete Geheime Verschlußsache vom 11. September 1961 an die 1. Sekretäre der Bezirks- und Kreisleitungen der SED an der Staatsgrenze West, die auf Einschränkungen und Kaderüberprüfungen im Grenzgebiet orientierte.[48] Befehl und Ulbricht-Schreiben legten unter anderem fest, daß Straßen und Wege, die den 10-m-Kontrollstreifen überquerten bzw. an diesem entlangführten, für den Verkehr zu sperren seien – entweder durch das Aufbrechen der Straßen/Wege oder durch das Aufstellen von »Pioniersperren«. Und um das Sicht- und Schußfeld zu verbessern, durften ab sofort in einer

Entfernung bis zu 100 m von der Grenze keine hochwachsenden landwirtschaftlichen Kulturen (Getreide/Mais/Ölfrüchte/ Faserpflanzen) mehr angebaut werden. Ebenso war innerhalb von 100 m von der Grenze das Weiden von Vieh nicht mehr zulässig, und vorhandene Weideplätze mußten umgelegt werden. Weidezäune sollten in der 500-m-Schutzzone zu »Hindernissen für Grenzverletzer« ausgebaut werden. In einer Entfernung von 200 m von der Grenze durften keine künstlichen Hindernisse (Heu- und Strohschober/Kartoffelmieten) errichtet werden, um Grenzverletzern keinen Schutz zu bieten. Bauliche Veränderungen, die die Grenzsicherung hätten beeinträchtigen können, wurden von den Behörden verboten. Alle Grenzkreise wurden angehalten, Produktionskapazitäten ins Innere der DDR zu verlagern und neue nur im Ausnahmefall (zur Versorgung der Bevölkerung) zu gestatten. Zuzugsgenehmigungen für das Grenzgebiet sollten künftig noch zurückhaltender erteilt werden. Passierscheine an Personen, die in der 5-km-Sperrzone wohnten und die 500-m-Sperrzone betreten wollten, waren von den Kompaniechefs der DGP erst nach strenger Einzelfallprüfung zu erteilen. (Grund hierfür war wohl die Tatsache, daß bis zu 40 % der Flüchtlinge aus dem 5-km-Sperrgebiet selbst kamen.) Aufnahmeheime für Rückkehrer und Zuziehende aus Westdeutschland/Westberlin in den DDR-Grenzkreisen waren zu schließen und ins Innere der Republik zu verlegen. Alle Zugänge zur 500-m-Sperrzone waren mit Schlagbäumen zu versehen oder sogar unpassierbar zu machen.

Das System der Sperranlagen an der »Grünen Grenze« war bis zu diesem Zeitpunkt keinesfalls einheitlich. Ernstzunehmende Hindernisse in Form von Stacheldrahtzäunen gab es nur auf einer Länge von 10 % der Grenze. Auch wenn die Sperranlagen in und um Berlin im Vordergrund des Interesses der SED-Führung standen, widmete sich der »Zentrale Stab« zur Koordinierung der Grenzmaßnahmen unter Leitung von Erich Honecker auf seiner Sitzung am 20. September 1961 der Lage an der innerdeutschen Grenze. Das Protokoll vermerkt zahlreiche vorläufige Beschlüsse, Vorschläge und Hinweise: »Das Bauen einer Mauer an der sogenannten grünen Grenze ist unzweckmäßig. Drahtzaun mit Betonblöcken und Gräben ist das geeignete. (...) Generalmajor Weiß machte den Vorschlag, an der grünen Grenze Hunde einzusetzen.«[49]

Wenige Wochen später, im November 1961, beschäftigten sich dann das SED-Politbüro und der Nationale Verteidigungsrat der DDR mit Planungen zu »Befestigungsmaßnahmen an der Staatsgrenze der DDR zu Westdeutschland«. In bezug auf eine »pioniermäßige Verstärkung der Staatsgrenze« wurden mehrere Maßnahmen-Etappen beschlossen:

1. Die pioniermäßige Verstärkung der Staatsgrenze West ist in drei Etappen durchzuführen: 1. Etappe: bis 30. November 1961, 2. und 3. Etappe: 1. April bis 30. November 1962.
2. In der 1. Etappe werden errichtet:
   - Drahtminensperre, Drahtsperre auf 2 Pfählen mit S-Rolle: 265 km,
   - Straßensperren (Barrieren): 117,
   - Beobachtungstürme: 40.
3. In der 2. und 3. Etappe sind zu errichten:
   - Drahtminensperre, Drahtsperre: auf 551 km, (Pfähle mit S- Rolle u.a. Inf.-Sperren)
   - Straßensperren: 192,
   - Beobachtungstürme: 98,
   - Lichtsperren: auf 24,5 km,
   - Scheinwerfer: 18.

Mit Erfüllung der Maßnahmen der 1. bis 3. Etappe sind an der Staatsgrenze West, einschließlich der zu einem früheren Zeitpunkt errichteten Sperren, folgende Pionieranlagen vorhanden:

- Drahtminensperre, Drahtsperre: auf 938 km (davon Drahtminensperre: 614 km),
- Straßensperren: 784,
- Beobachtungstürme: 537,
- Lichtsperren: auf 24,5 km,
- Scheinwerfer: 18.[50]

Sonnenaufgang zwischen Salzwedel (Sachsen-Anhalt) und Teplingen, Kreis Lüchow-Dannenberg (Niedersachsen), 1983.

Oben: Grenzverlauf zwischen Bömenzien (Sachsen-Anhalt) und Nienwalde in der Nähe von Gartow (Niedersachsen), 1984.
Unten: Hoheitspfahl der DDR in der Nähe der unterbrochenen B 89 von Sonneberg (Thüringen) nach Kronach (Bayern), 1985.

Beobachtungsbunker vor der Grenzmauer bei Oebisfelde (Sachsen-Anhalt) in der Nähe von Wolfsburg (Niedersachsen); im Hintergrund die Kirche von Oebisfelde, 1985.

Eingewachsenes Hinweisschild des Bundesgrenzschutzes auf der westlichen Seite der Saale bei Hirschberg (Thüringen), 1984.

Oben: Rehbock im Grenzstreifen zwischen Lankow (Mecklenburg) und Mustin (Schleswig-Holstein), 1985.
Unten: Grenzzaun auf dem Elbdeich bei Darchau (Mecklenburg), gegenüber von Neu Darchau (Niedersachsen), 1984.

Oben: Grenzverlauf bei Asbach (Thüringen) in der Nähe von Bad Sooden-Allendorf (Hessen), 1985.
Unten: Durch den Ort Blankenstein an der Saale (Thüringen) führt in unmittelbarer Wohnhausnähe eine Hundezwingerfreilaufanlage, 1985.

DDR-Grenzaufklärer unmittelbar vor bundesdeutschem Territorium im Grenzstreifen zwischen Bürgerhof (Mecklenburg) und Büchen (Schleswig-Holstein), 1986.

Mondaufgang in der Nähe der Grenzübergangsstelle Bergen-Dumme an der B 71 zwischen Salzwedel (Sachsen-Anhalt) und Uelzen (Niedersachsen), 1983.

DDR-Verteidigungsminister Heinz Hoffmann – seit dem 15. September 1961 für das »Kommando Grenze« zuständig – meldete dem damaligen SED-Politbüro-Mitglied und NVR-Sekretär Erich Honecker Anfang Januar 1963 »Vollzug« und teilte ihm unter anderem mit, daß inzwischen auf 447 km »kombinierte Sperren mit Minen des Typs POMS-2 und PMD-6« verlegt worden seien. Außerdem seien 161 km Warnzaun und auf knapp 600 km der (neue) 6-m-Kontrollstreifen angelegt worden.[51] Die Kennzeichnung des 500-m-Schutzstreifens sowie des 5-km-Sperrgebiets wurde zugleich als abgeschlossen erklärt.

An den Systemgrenzen der DDR zur Bundesrepublik und zu Westberlin standen jetzt Soldaten unter dem Be-

Verlegen von Bodenminen entlang der innerdeutschen Grenze Mitte der sechziger Jahre zwischen Dahrendorf (Sachsen-Anhalt) und Billerbeck im Raum Lüchow-Dannenberg.

Setzen von Hoheitspfählen an der Grenze im Harz, Winter 1967.

Grenzbeobachtungstürme der 1. + 2. Generation bei Oebisfelde.

fehl der Nationalen Volksarmee, die voll in das Verteidigungssystem des Warschauer Pakts integriert waren, die Bodenminenfelder anlegten und auf Flüchtlinge zu schießen hatten. Die Staatssicherheit übernahm dagegen ab 1962 die Verantwortung für die Kontrolle und Abfertigung des grenzüberschreitenden Personenverkehrs an allen Grenzübergangsstellen. Auf Grund von Vereinbarungen zwischen dem Ministerium für Nationale Verteidigung und dem Mielke-Imperium wurden die dafür zuständigen Paßkontrolleinheiten dem Minister für Staatssicherheit operativ unterstellt, auch wenn sie die Uniformen der Grenztruppen trugen. Sie blieben bis zum Ende der DDR bestehen und umfaßten zuletzt mehr als 11.000 Angehörige.[52]

Die Befehlsstruktur innerhalb des DDR-Verteidigungsministeriums sah so aus, daß der Minister jährlich Befehle für die Grenzsicherung der sogenannten 101er Reihe erließ, die von nachgeordneten Dienststellen umgesetzt wurden. So ordnete das »Kommando der Grenztruppen« in Pätz bei Königs Wusterhausen abgeleitete Befehle der 80er Reihe an, die wiederum Grundlage für Befehle der 40er und 20er Reihe auf der Ebene der (drei) Grenzkommandos (Nord, Süd und Mitte) sowie der Grenzregimenter und -kompanien waren.

Anfangs hatte die Leitung des Verteidigungsministeriums in Strausberg der Qualität der Grenzsicherung durchweg schlechte Zensuren erteilt. Als Folge dieser Vorhaltungen wurden die Grenzausbildung verbessert, die politische Erziehung intensiviert und das praktische Vorgehen verschärft. In diesem Zusammenhang taucht im 101er Befehl für 1962 erstmals in bezug auf die Schießausbildung der Begriff der »Vernichtung des Gegners« auf. Der Begriff fand später Eingang in die »Vergatterungsformel« der Grenztruppen der NVA, die beim täglichen Wachaufzug der grenzsichernden Einheiten ausgegeben wurde. Hieß es im Vergatterungstext von 1964 noch, daß »Grenzdurchbrüche nicht zuzulassen und Grenzverletzer vorläufig festzunehmen oder unschädlich zu machen« seien, enthielt die Formel aus dem Jahre 1967 die Auflage, »Grenzdurchbrüche nicht zuzulassen, Grenzverletzer vorläufig festzunehmen oder zu vernichten«[53]. Erst 1984/85 verzichtete die DDR-Grenztruppenführung auf diesen Vergatterungstext. Zuvor hatten mehrere DDR-Grenzoffiziere, die in den Westen übergetreten waren, in den Medien von der Vernichtungsformel berichtet.

Der Schußwaffengebrauch wurde in den 60er Jahren an der Grenze zur BRD recht häufig praktiziert. Noch öfter machten die DDR-Grenzer in und um Berlin von der Waffe Gebrauch, da hier die Annäherung von Grenzverletzern aufgrund des schmalen Schutzstreifens nicht schon im Vorfeld aufgedeckt werden konnte. So kam es vor allem bis zur Mitte der 60er Jahre in Berlin zu vielen schweren Grenzzwischenfällen mit Toten und Verletzten.[54] Da an den Grenzen zu Westberlin keine Minen verlegt wurden, schien ein Grenzdurchbruch hier zunächst eher möglich zu sein. Zu Unrecht: Die Grenzer des Kommandos Mitte wurden von Anfang an dazu angehalten, Grenzverletzer »mit dem ersten Schuß« zu treffen bzw. zu vernichten.

Im Gegensatz zu den Verhältnissen in Berlin gelang es den NVA-Grenztruppen an der innerdeutschen Grenze zunehmend, durch eine intensive Hinterlandsicherung die Annäherung von Grenzverletzern rechtzeitig zu erkennen: Rund 90 % derjenigen DDR-Bürger, die die Flucht wagten, wurden vor dem unmittelbaren Grenzgebiet oder aber im Grenzgebiet selbst vor Erreichen des letzten Sperrelements festgenommen. Auch hier kam es in den 60er Jahren zu einigen schweren Zwischenfällen. Einer davon war die Flucht der Brüder Simon aus Leipzig im Oktober 1963.

Fallbeispiel 2:

Am Abend des 28. Oktober 1963 versuchten die Brüder Bernhard und Siegfried Simon, geboren am 31.7.1945 und 30.3.1944, wohnhaft in Leipzig, die Flucht im DDR-Kreis Osterburg. Dabei lösten sie zwei Detonationen von Bodenminen aus, die bei Bernhard S. zu schweren, bei Siegfried S. zu leichteren Verletzungen führten. Bernhard S., dessen Bein durch die Explosion teilweise abgerissen wurde, konnte durch seinen Bruder noch auf Westgebiet geschleppt werden, der dann versuchte, Hilfe zu holen. Zuvor hatte er das Bein des Bruders notdürftig abgebunden. Bei dem Versuch, einen Arzt bzw. einen Krankenwagen heranzuholen, stieß Siegfried S. auf zwei Frauen, die in der Nähe der Grenze auf Westseite im Landkreis Lüchow- Dannenberg wohnten – in Höhe des Forsthauses Wirl – und denen die Detonationen aufgefallen waren; eine von beiden, Frau Waltraut Urbansky, hat außerdem Schüsse auf DDR-Seite gehört. Siegfried S. und die Frauen konnten schließlich den Zollgrenzdienst alarmieren, und nach längerer Suche wurde der Schwerverletzte gefunden. Bernhard Simon verstarb jedoch auf dem Weg ins Krankenhaus in Lüchow. Frau Waltraut Urbansky und ihr Mann errichteten später etwa 100 m von der Grenze entfernt ein Holzkreuz für den Toten; sie selbst und ihre Verwandten belastete der »schwere Grenzzwischenfall« so stark, daß sie erwogen, aus dem Grenzgebiet wegzuziehen.

Gedenkkreuz für Bernhard Simon, der bei seiner Flucht 1963 durch Bodenminen zu Tode kam.

Bodenminienfeld zwischen zwei Metallgitterzäunen in der Nähe von Campow an der Grenze zu Ratzeburg.

In einer Tagesmeldung der NVA, Kommando Grenztruppen (Nr. 303/63) heißt es unter anderem: »Am 28.10.1963 gegen 19.20 Uhr schwerer Grenzdurchbruch DDR-West durch Simon, Siegfried, ... und Simon, Bernhard, ... im Abschnitt Zießau. Gegen 19.30 Uhr stellte der Grenzposten eine Minendetonation fest. Um 20.30 Uhr erfolgte 300 m nordwestlich eine weitere Detonation. (...) Gegen 21.00 Uhr wurden Rufe gehört: ›Hier ist er, sofort einen Sankra holen‹. Nach ca. 8 Minuten erschien ein weiteres Kfz und transportierte vermutlich beide Grenzverletzer ab. (...) Einer der Grenzverletzer, vermutlich Simon, Bernhard, wurde beim Überwinden der Minensperre schwer verletzt. Er wurde durch seinen Bruder auf westdeutsches Gebiet gebracht. Aufgefangene Funksprüche ... lassen darauf schließen, daß S. noch vor seinem Abtransport seinen Verletzungen erlegen ist.«

Der Ministerrat der DDR verabschiedete am 19. März 1964 eine »Verordnung zum Schutz der Staatsgrenze der DDR«, die alle Grundprinzipien des Grenzregimes enthielt. Auf der Grundlage dieses Dokumentes erging eine Grenzordnung, die in zusammengefaßter Form alle Bestimmungen über die Ordnung im Grenzgebiet zur BRD und zu Westberlin, in den Territorialgewässern sowie an der Staatsgrenze zur ČSSR und zur Volksrepu-

Schutzstreifenzaun mit Stacheldrahtkronen (V-Abweiser) und Abschnittsmarkierungen (oben) sowie Alarmanlage mit Rundumleuchten und Signalhorn (unten).

blik Polen auflistete[55] und deren wichtigste Regelungen bis zur Verabschiedung des DDR-Grenzgesetzes am 25. März 1982 in Kraft blieben.

Ein neues DDR-Strafgesetzbuch bedrohte zudem ab 12. Januar 1968 den »ungesetzlichen Grenzübertritt« – der nach § 213 ausdrücklich als Verbrechen galt – mit Haftstrafen bis zu acht Jahren.

Parallel zu den juristischen Absicherungen erfolgte der pioniertechnische Ausbau der Grenze. Einem drei Meter breiten Kfz-Sperrgraben (1966) folgten ab 1967 erste Grenzsignalzäune des Typs 55 und ab 1968 eine zweite Reihe von engmaschigen Metallgitterzäunen (»Grenzzaun I«) unmittelbar an der Grenzlinie zur Bundesrepublik. Seit 1969 wurden auch neue Beton-Beobachtungstürme aufgestellt, 11 m hohe Gebilde in Pilzform, die allerdings wegen mangelnder Stabilität bei Sturm geräumt werden mußten.

Auf der Elbe wurde versucht, in der Flußmitte den Grenzverlauf zu markieren, weshalb es im Oktober 1966 zu Rangeleien mit dem Bundesgrenzschutz und dem bundesdeutschen Zoll kam, da westdeutsche Boote die volle Breite des Stromes nutzen wollten. Die DDR beanspruchte auch in der Folgezeit ihre Staatsgrenze in der Mitte des Talweges der Elbe, konnte sich damit aber letztlich nicht durchsetzen. Der Westen bestand darauf, daß die Grenze am östlichen Ufer des Flusses verlief. Bundesgrenzschutz, Zollgrenzdienst und britische Streitkräfte beendeten die Drangsalierungen durch ihre Präsenz auf dem Strom und am Ufer. Die DDR gab schließlich nach.

Anfang der 70er Jahre war das DDR-Grenzsystem an der innerdeutschen Grenze wie folgt beschaffen:

- 5-km-Sperrzone (ab 1972: 3 bis 5 km),
- 500-m-Schutzstreifen (ab 1972: 200 bis 500 m),
- 600 Wachtürme, davon 45 aus Beton (BT-11),
- 1.000 Erdbunker bzw. -unterstände,
- 315 Kettenlaufanlagen mit 460 Hunden,
- 900 km Kolonnenweg, davon 130 km betoniert,
- 80 cm tiefer Kfz-Sperrgraben auf 530 km Länge,
- 95 Lichtsperren auf 150 km Länge,
- 6 m breiter Kontrollstreifen,
- 1.140 km langer doppelter Draht- bzw. Stacheldrahtzaun, in dessen Zwischenraum Bodenminen verlegt waren,
- 25 bis 30 m tiefes Brachfeld,
- 10 m breiter Kontrollstreifen,
- Metallgitter-, Warn- und Stacheldrahtzaun unmittelbar an der Grenze.[56]

Die eigentliche technische Neuerung der DDR-Grenzsicherung der 70er Jahre war die Installation der Splittermine SM-70 am letzten Sperrelement gen Westen, dem Grenzzaun I. DDR-Verteidigungsminister Heinz Hoffmann hatte den Verteidigungsrat der DDR im Sommer 1972 über die »Errichtung von Streckmetallzäunen zur Anbringung der richtungsgebundenen Splittermine« informiert, deren Erprobung am 1. Januar 1971 auf Befehl des damaligen Chefs der Grenztruppen, Generalleutnant Erich Peter, beim Grenzregiment 24 (Grenzkommando NORD) begann. Das Gerät, von der DDR-Seite auch als »Anlage 501« bezeichnet, verschoß – vertikal angebracht – mit einer 110 Gramm schweren TNT-Ladung 80 Stahlsplitter, die bei Menschen schwerste Verletzungen hervorriefen: Mehrere Flüchtlinge kamen durch diese Selbstschußanlagen zu Tode oder erlitten bleibende Schäden.

Anfang der 70er Jahre wurden die Grenztruppen der NVA wieder einmal umgegliedert. Diesmal löste man die Grenzbrigaden auf und bildete an ihrer Stelle drei Grenzkommandos: das Grenzkommando NORD (Stab: Stendal), das auf etwa 550 km Länge das Grenzgebiet von der Lübecker Bucht bis zum Harz kontrollierte, das Grenzkommando MITTE (Stab: Ostberlin), das auf einer Länge von 155 km die Grenze zu Westberlin überwachte, und das Grenzkommando SÜD (Stab: Erfurt), das auf 810 km Länge die innerdeutsche Grenze vom Harz bis zum Dreiländereck DDR–BRD–ČSSR sicherte. Jedes der Grenzkommandos führte jeweils sechs Grenzregimenter und zwei bis drei Grenzausbildungsregimenter. Zusammen dienten in den NVA-Grenztruppen damals rund 50.000 Mann.

Auch die bis dahin geltende Kompaniesicherung auf einem Grenzabschnitt von 12 bis 20 km Länge im Schichtwechsel der Grenzzüge (20 bis 25 Soldaten) wurde Anfang der 70er Jahre abgeschafft und durch die sogenannte Bataillonssicherung ersetzt. Diese beinhaltete im wesentlichen den aufeinanderfolgenden Einsatz der (vier) Grenzkompanien eines Grenzbataillons auf der Höhe des Kolonnenweges, also linear zur Grenze, auf einer Länge von bis zu 70 km. Die neue Form, bis Mitte der 70er Jahre überall an der innerdeutschen Grenze eingeführt, bewährte sich jedoch nicht. Sie wies vor allem folgende Mängel auf:

a) hohe Belastungen für alle Grenztruppenangehörigen, unter anderem durch lange Anmarschwege, Fluktuation der jungen Grenzoffiziere (Dienstzeit der Kompaniechefs selten länger als 1 Jahr);

b) das »Binnenklima« in den grenzsichernden Einheiten verschlechterte sich durch den häufigen Personalwechsel der Offiziere. Folge: Die Zahl der Fahnenfluchten und der Grenzdurchbrüche nahm zu;

c) Abkühlung des Verhältnisses zur Grenzbevölkerung. Zuvor war ein Grenzkompaniechef jahrelang vor Ort, und es entwickelten sich Kontakte auch außerhalb des Dienstes;

d) der lineare Grenzeinsatz war für jeden Bürger erkennbar, bisher hatte die Grenzsicherung wenigstens zum Teil verdeckt stattgefunden (und nicht nur entlang des Kolonnenweges!).

Die zentralisierte, militärisch organisierte Bataillonssicherung stieß sehr schnell auf Ablehnung in den Einheiten und bei den Soldaten. Die Führung bemühte sich deshalb, die Mängel abzustellen, und experimentierte mit Mischformen. Sie entschloß sich aber erst Ende der 80er Jahre durchgängig zur Wiedereinführung einer leicht modifizierten Kompaniesicherung.[57]

Nach der Bildung und Festigung der drei Grenzkommandos wurden die Grenztruppen in ihrer neuen Struktur am 1. Januar 1974 aus der regulären NVA herausgelöst und firmierten nunmehr als relativ selbständige »Grenztruppen der DDR«, verblieben jedoch im Verantwortungsbereich des Ministeriums für Nationale Verteidigung.

Partei- und Staatsführung von SED/DDR bemühten sich weiter darum, die Grenzsicherung zu perfektionieren und setzten mehrmals Arbeitsstäbe und -gruppen ein, um die Wirksamkeit der Sicherungsmaßnahmen zu überprüfen. Diese legten dann dem SED- Politbüro und/oder dem Nationalen Verteidigungsrat Berichte vor. So auch eine Arbeitsgruppe des Zentralkomitees der SED, die in den Monaten März bis Mai 1977 im Bereich der Grenztruppen (und der 6. Grenzbrigade Küste) geprüft hatte. Die Ergebnisse dieser Untersuchung gab die Gruppe dem Verteidigungsrat zu Protokoll (52. NVR-Sitzung am 30. September 1977). Der Bericht benennt zunächst den Ist-Stand:

»Die 167 km Staatsgrenze zu Westberlin sind durchgängig mit Sperrelementen und zum größten Teil mit Sicherungsanlagen ausgebaut. (...) Von den 1.381 km Staatsgrenze zur BRD sind mit Stand vom 20.4.1977 ausgebaut:

- 870 km mit Grenzzaun I, an 271 km des Grenzzaunes I ist die Sperranlage 501 mit der Splittermine 70 (SM-70) montiert,
- 271 km mit Erdminensperre vom Typ 66,
- 731 km mit Grenzsignalzaun,
- 1.206 km mit Kolonnenwegen,
- 602 km mit Kfz-Sperrgraben,
- 434 Beobachtungstürme und Führungsstellen,
- 2.640 Hunde sind im Einsatz.«[58]

Der Bericht beklagt aber sodann, daß die Bodenminen des Typs 66 zum größten Teil unwirksam sind »oder höchstens eine Wirksamkeit von 20 % erreichen und somit ohne größere Schwierigkeiten von Grenzverlet-

Westdeutsche Hinweistafel zum DDR-Grenzsystem entlang der innerdeutschen Grenze, Ende der sechziger Jahre.

Grenzzaun, Kfz-Sperrgraben, Spurensicherungsstreifen und Kolonnenweg im Grenzabschnitt zwischen Berka a.d. Werra und Wildeck-Obersuhl auf der Strecke von Eisenach (Thüringen) nach Bad Hersfeld (Hessen).

zern überwunden werden können«. Viele der Minensperren seien in den Jahren 1961/62 gelegt worden und hätten gegenwärtig nur noch »eine moralische Wirkung«. Obwohl der Bericht dann auf die Neuentwicklung der Erdmine PPM-2 eingeht, wird der Rat erteilt, »den Bau von Erdminensperren weitestgehend einzuschränken«. Dagegen habe sich die Splittermine SM-70 bewährt und als das »wirksamste Sperrelement« erwiesen. Mit dem geplanten Abschluß des pioniermäßigen Ausbaus der Staatsgrenze bis 1981, so der Bericht, werde »diese Sperranlage das Hauptelement der Grenzsicherungsanlagen darstellen«.

Im Gegensatz zu diesem Bericht der ZK-Arbeitsgruppe steht eine Geheime Verschlußsache vom Ende der 70er Jahre. Darin ist zwar zunächst davon die Rede, daß die Sperranlage SM-70 »unter Friedensbedingungen als effektivstes Sperrelement« anzusehen sei; es wird jedoch auch vermerkt, daß sie erhebliche Mängel habe:[59] »Im Ausbildungsjahr 1978/79 detonierten ca. 10.000 Minen. Das sind 15% aller montierten Minen, wovon durch Wild ca. 50%, Witterungseinflüsse ca. 30% und technische Mängel ca. 20% ausgelöst wurden.« Erwähnt werden sodann denkbare Verbesserungen der Anlage, die als bisher unzureichend eingeschätzt wird. Ergebnis: Die SM-70 solle vorerst noch beibehalten werden, neue Systeme seien aber – auch wegen der hohen Kosten dieses Typs – nicht weiterzuentwickeln. Statt dessen solle man für den Zeitraum von 1986 bis 1990 eine neue Sperranlage entwickeln und deren Einführung ab 1991 gewährleisten. ZK-Bericht und »Geheime Verschlußsache« beklagten übereinstimmend, daß es bei dieser Sperranlage keine ausreichende »Zugriffssicherheit« gebe: Vom Gegner seien bisher in drei Fällen fünf Minen entwendet worden.[60]

Fallbeispiel 3:
Michael Gartenschläger, geboren am 13. Januar 1944, gestorben durch Schüsse einer Spezialeinheit des MfS vor dem DDR-Grenzzaun I in der Nacht zum 1. Mai 1976, wollte zum dritten Male mit zwei Freunden eine SM-70 abmontieren. Am 30. März und am 23./24. April 1976 war es ihm bereits gelungen, Selbstschußgeräte an der innerdeutschen Grenze bei Lauenburg zu entwenden. Die amtliche DDR geriet in helle Aufregung, zumal deshalb, weil es Bestrebungen gab, die Anlage der UNO vorzuführen. Das konnte abgewendet werden. Westjuristen kamen sogar auf den Einfall, gegen Gartenschläger Vorermittlungen »wegen Diebstahls« einzuleiten.

Gartenschläger und seine Freunde hatten sich dem Kampf gegen die offizielle DDR verschworen, aus guten Gründen, die jedoch »Entspannungspolitiker« in West und Ost seinerzeit nicht nachvollziehen wollten/konnten.

Gartenschläger war im Sommer 1971 nach zehn Jahren politischer Haft in der DDR von der Bundesregierung freigekauft worden; er hatte 1961 eine lebenslange Strafe erhalten, unter anderem deshalb, weil er und weitere Mitglieder einer »konterrevolutionären Gruppe« eine LPG-Scheune in Brand gesetzt hatten. Nach seinem Freikauf leistete Gartenschläger DDR-Bürgern Fluchthilfe zum »Selbstkostenpreis«. Nach den ersten beiden gelungenen Abbauten der SM-70 warnten Mitbürger Michael Gartenschläger, es noch einmal zu wagen.

Kurz vor Mitternacht am 30. April 1976 liefen er und seine Freunde bei Büchen (Schleswig-Holstein) in eine Falle des MfS. Einer seiner Freunde berichtete später: »Es war um 23.45 Uhr. Michael robbte in Richtung Osten. Die Nacht war kalt und dunkel. Kein Mondschein. (...) Plötzlich kamen Salven aus mindestens vier Kalaschnikow-Maschinenpistolen. Sie trafen Michael, als er sich erheben und mit einem 20 Zentimeter langen Drahthaken und einer Angelschnur den Metallgitterzaun erreichen wollte. Sie schossen – kein Anruf vorher, keine Warnung. Plötzlich gleißendes Scheinwerferlicht. Ich versuchte Michael zu Hilfe zu kommen. Nun prasselten die Salven auf mich. Ich rannte zurück. (...) Ich sah noch, wie alle Scheinwerferbündel sich auf den unmittelbar am Metallgitterzaun liegenden Michael Gartenschläger konzentrierten, und ich sah, wie ein Grenzsoldat der DDR den Arm Michaels hob, der darauf schlaff zu Boden fiel. (...) Die Schützen hatten diesseits des Zaunes gelauert.«[61]

Nach dem Ende der DDR konnten die Vorgänge der Nacht auf den 1. Mai 1976 rekonstruiert werden – auch wenn die »Akte Gartenschläger« des MfS vernichtet worden war. Doch der Rechtsstaat tat sich schwer, den Fall wirklich aufzuklären: Nach langer Vorbereitung durch verschiedene Behörden kam es schließlich zum Verfahren vor dem Landgericht Schwerin, das aber die Angeklagten im März 2000 freisprach, – hauptsächlich deshalb, weil diese in »Notwehr« gehandelt haben wollen und Michael Gartenschläger zuerst geschossen haben soll. Das ist allerdings mehr als zweifelhaft.

Die Nebenklage legte gegen den Freispruch Revision ein.

Die Installation der Splittermine SM-70 an der innerdeutschen Grenze belastete das Verhältnis der beiden Staaten in Deutschland und schadete erheblich dem internationalen Ansehen der DDR, die 1972/73 diplomatisch anerkannt und seit September 1973 neben der BRD Mitglied der UNO war. Für die Verantwortlichen in der DDR jedoch waren Erfolgserlebnisse in Sachen Grenzsicherung wichtig: Die Zahl der Grenzdurchbrüche und versuchten Durchbrüche ging zurück. Das Protokoll der 50. Sitzung des NVR vom 18. November 1976 vermerkt hierzu:

»Die Anzahl der versuchten Grenzdurchbrüche ... ist in den letzten Jahren ständig weiter zurückgegangen. Den Versuch bzw. die Vorbereitung eines Grenzdurchbruches vom Territorium der DDR über die Staatsgrenze zur BRD, zu Westberlin bzw. über die Seegrenze unternahmen:

- im Jahre 1973: 3.004 Personen (100 %)
- im Jahre 1974: 1.797 Personen (60 %)
- im Jahre 1975: 1.397 Personen (47 %).

Auch im Jahre 1976 zeichnet sich die Fortsetzung dieser Tendenz ab. Im 1. Halbjahr 1976 unternahmen vom

Michael Gartenschläger, der am 30. April 1976 beim Demontieren von Selbstschußanlagen von MfS-Angehörigen erschossen wurde (oben); Gedenkkreuz für Michael Gartenschläger in der Nähe von Büchen (Schleswig-Holstein).

Territorium der DDR aus 455 Personen den Versuch bzw. die Vorbereitung eines Grenzdurchbruches, davon

- an der Staatsgrenze zur BRD 67 %,
- an der Grenze zu Westberlin 26 %,
- an der Seegrenze der DDR 7 %.

94,5 % der versuchten bzw. vorbereiteten Grenzdurchbrüche wurden durch die Grenztruppen der DDR, die Grenzsicherungskräfte der Volksmarine bzw. die Kräfte des Ministeriums für Staatssicherheit sowie des Ministeriums des Innern verhindert, davon 85 % bereits in der Tiefe des Territoriums der DDR.

25 Personen gelang es, den Grenzdurchbruch durchzuführen.«[62]

Was der Bericht verschweigt, ist, wie viele »Sperrbrecher« (Westbezeichnung) beim versuchten Überwinden der DDR-Grenzanlagen zu Schaden kamen und Verletzungen durch Boden- oder Splitterminen erlitten.

Fallbeispiel 4:

Hans-Friedrich Franck, geboren am 20. Dezember 1946, gestorben am 17. Januar 1973, ein Konstrukteur aus Meißen, konnte bei Blütlingen den Metallgitterzaun/Grenzzaun I am 16. Januar 1973 gegen 23 Uhr zwar übersteigen, löste aber eine SM-70-Anlage aus, die ihn erheblich verletzte. Obwohl er auf der bundesdeutschen Seite schnell in ärztliche Behandlung kam, verstarb er zweieinhalb Stunden später nach einer längeren, komplizierten Operation. Hierzu der Ärztliche Bericht des Dr. med. W. Stoll aus Wustrow/Hannover:

»Der durch eine Selbstschußanlage am Metallgitterzaun der DDR-Grenze Verletzte Hans-Friedrich Franck konnte trotz intensivster Bemühung seitens der Ärzte ... nicht am Leben erhalten werden. Die unregelmäßig geformten, scharfkantigen und gezackten Metallsplitter des Sprengkörpers, die in ihrer Wirkung einem Dum-Dum-Geschoß gleichkommen, wenn nicht übertreffen, hatten bei dem Verletzten unterhalb des Leistenbandes am linken Oberschenkel ... die dort gelagerten Gefäße an mehreren Stellen so zerfetzt, daß sich eine Gefäßnaht äußerst schwierig gestaltete und die Operationszeit erheblich verlängerte. Den schweren Entblutungsschock, die Länge der Operation und den dadurch bedingten massiven Einsatz von Blutkonserven ... hat schließlich selbst ein junger Organismus nicht mehr verkraften können, so daß es 2 ½ Stunden nach Abschluß der Operation zu einem irreversiblen Kreislaufzusammenbruch gekommen ist, der den Tod zur Folge hatte (gegen ca. 8.00 Uhr).«[63]

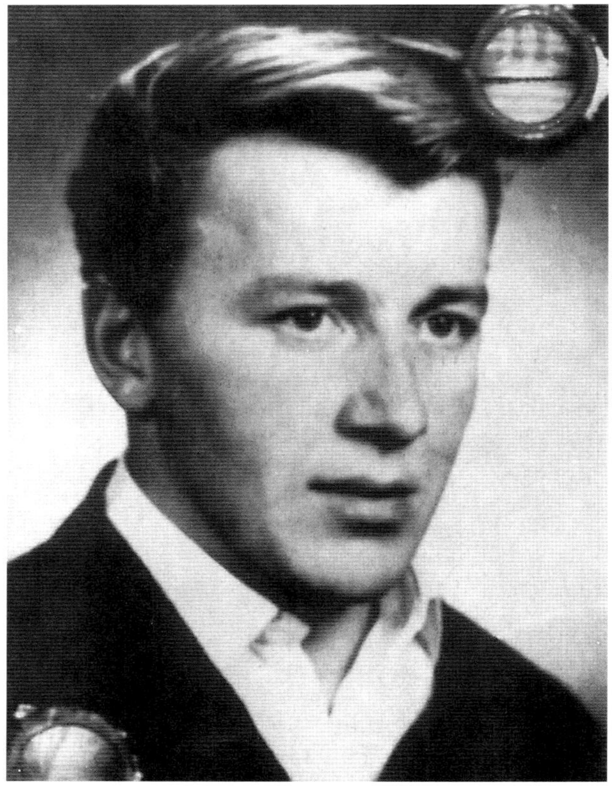

Hans-Friedrich Franck, der 1973 durch eine Selbstschußanlage zu Tode kam.

Insgesamt gelang es der Volkspolizei und den anderen Sicherheitskräften, die übergroße Mehrheit der Fluchtwilligen vor der 5-km-Sperrzone festzunehmen. Außerdem schien sich der Einsatz von Grenzaufklärern auszuzahlen, die 30% aller Grenzverletzer aufspürten. Diese Kräfte – Berufsunteroffiziere, Fähnriche und Offiziere – waren speziell ausgebildet und wurden innerhalb des

Grenzgebietes eingesetzt, um im flexiblen Einsatz Fluchtwillige ausfindig zu machen. Bei akutem Verdacht eines bevorstehenden Durchbruchs konnten die DDR-Grenztruppen nunmehr auch auf elf kleinere Hubschrauber des Typs Mi-2 zurückgreifen, die allerdings nur auf Weisung des Chefs der Grenztruppen eingesetzt werden durften.

Die Sicherung der 378 km langen Seegrenze der DDR erfolgte durch spezielle Grenzschiffs- und Bootseinheiten. Die Fahrzeuge übernahm die 6. Grenzbrigade Küste aus der regulären Volksmarine, der sie operativ unterstellt war. An Land sorgten visuelle und technische Küstenbeobachtungskräfte sowie Grenzkompanien für den Schutz der Seegrenze, unterstützt von Marinehubschraubern. Auf den Berliner Gewässern und auf der Elbe kamen die »Bootsgruppen der Grenztruppen der DDR« zum Einsatz, deren Angehörige Volksmarine-Uniformen trugen.

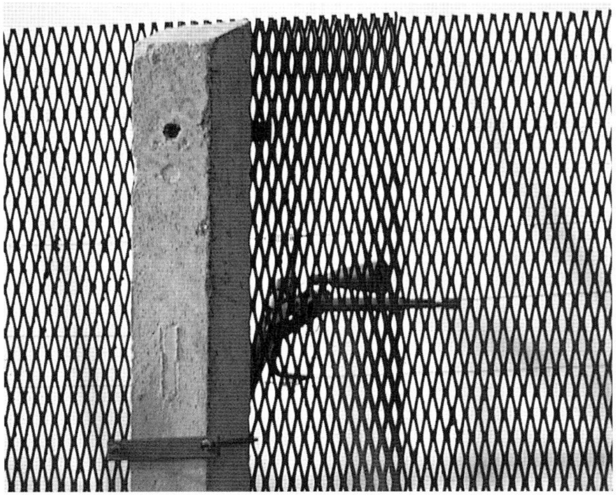

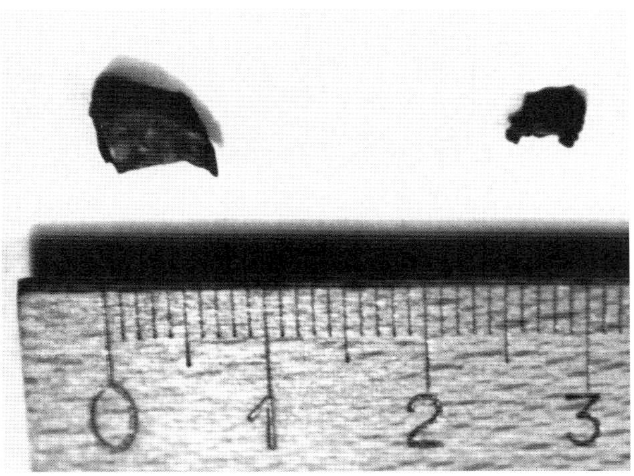

Selbstschußanlagen der 1. Generation, die ca. 80 Stahlsplitter verschoß; ihnen fiel 1973 der Flüchtling Hans-Friedrich Franck zum Opfer.

Der DDR war es Ende der 70er Jahre im wesentlichen gelungen, ihr Grenzsicherungssystem mit Milliardenaufwand soweit auszubauen, daß Fluchten höchst risikoreich geworden waren und die Zahl geglückter Durchbrüche deutlich zurückging. Belief sich die Zahl der »Sperrbrecher« 1973 noch auf 1.842, waren es 1979 nur noch 463 Personen. Die Zahl der Fahnenfluchten (zumeist Grenzer) sank von 66 (1970) auf neun im Jahre 1979. Trotzdem kam es in der Folgezeit immer wieder zu einzelnen Versuchen, die Grenze zu überwinden. Vor allem Fluchthelferorganisationen entwickelten immer neue Varianten, von präparierten Autos für die Transitwege über gefälschte Pässe zur Flucht über Drittländer bis hin zu abenteuerlichen Aktionen mit Sportflugzeugen und Heißluftballons. Selbst Flugzeugentführungen auf den wenigen DDR-Inlandstrecken wurden versucht. Mehr als 90% der Fluchtwilligen wurden jedoch im Hinterland erkannt und festgenommen; bis zum 500-m-Schutzstreifen kamen die wenigsten. Dies war auch politische Vorgabe für die Verantwortlichen der DDR-Grenzsicherung, denn zur Begrenzung des

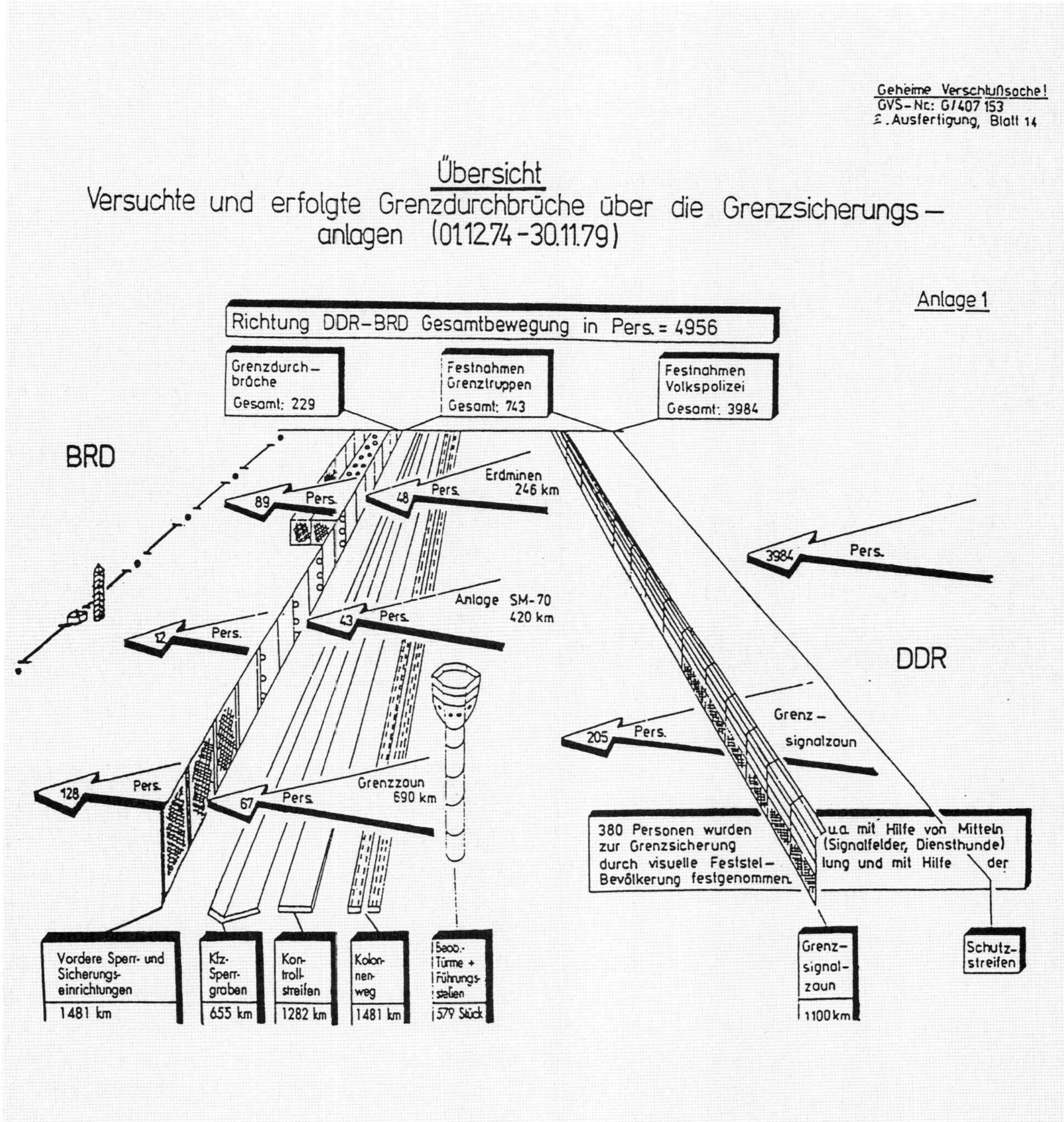

Aufstellung der DDR-Grenztruppen über versuchte und erfolgte Grenzdurchbrüche in den Jahren 1974 bis 1979 (Geheime Verschlußsache).

Angebot einer Fluchthilfeorganisation in Westberlin, angebracht auf einer Aussichtsplattform in der Bernauer Straße, Berlin-Wedding, 1985.

Schadens für das internationale Ansehen der DDR sollte die Festnahme von Grenzverletzern möglichst ohne Einsichtnahme von der Westseite aus und möglichst geräuschlos, also ohne Anwendung der Schußwaffe, erreicht werden. Die DDR-Grenzer waren deshalb angehalten, die Grenzsicherung in Zukunft »variantenreicher, tiefengestaffelter und beweglicher« zu gestalten.

Da es nach der Unterzeichnung der Schlußakte von Helsinki ab 1975 auch den Weg des legalen Ausreiseantrages gab, ließ der Druck auf die Grenze allmählich nach. Fluchtwillige überlegten sehr genau, ob sie den schnellen, aber höchst gefahrvollen Weg des Grenzdurchbruchs wählen sollten oder sich lieber auf den langen, oft auch erniedrigenden Weg des Antragstellens einließen.

Gedenkstein in Ostberlin für DDR-Grenzsoldaten, die während ihres Dienstes von Flüchtenden oder Fluchthelfern erschossen wurden.

Grenze bei Eichholz in der Nähe von Lübeck, 1983.

Grenzaufklärer auf einem Unterstand am sogenannten Wildschweineck bei Aulosen (Sachsen-Anhalt) in der Nähe von Gummern bei Schnackenburg (Niedersachsen), 1987.

Grenzübergang Bergen-Dumme von Salzwedel (Sachsen-Anhalt) nach Uelzen (Niedersachsen) bei Tag und bei Nacht, 1988.

Schutzstreifenzaun der modernsten Bauart mit davor gelegenem Spurensicherungsstreifen bei Blankenstein an der Saale (Thüringen), 1985.

Oben: Straßensperre zwischen Sonneberg (Thüringen) und Neustadt (Bayern); DDR-Grenzaufklärer fotografieren bundesdeutsche Zöllner.
Unten: Ehemalige Ortsverbindungsstraße zwischen Böckwitz (Sachsen-Anhalt) und Zicherie (Niedersachsen), 1987.

Oben: FKK-Strand unter besonderer Beaufsichtigung: Priwall an der Ostsee, 1986.
Unten: Touristengruppen Ost und West in direkter Gegenüberstellung am Brandenburger Tor in Berlin, 1984.

Oben: Landwarenhaus mit Grenzblick: Wahlhausen an der Werra (Thüringen) in der Nähe von Bad Sooden-Allendorf (Hessen), 1984.
Unten: Grenzschneise durch den Wald bei Eisfeld (Thüringen) unweit von Rottenbach bei Coburg (Bayern).

DDR-Grenzaufklärer unmittelbar an der Grenzlinie zwischen Wartha (Thüringen) und Herleshausen (Hessen) an der Werra, 1984. Auftragsgemäß versteckt er sich vor dem bundesdeutschen Fotografen.

Oben: Reste eines Grenzzaunes der ersten Generation am Außenring von Berlin, 1984.
Unten: Grenzeiche in der Nähe des Schaalsee zwischen Mecklenburg und Schleswig-Holstein; die Zweige ragen bereits in den Westen, 1985.

Das System der Grenzsicherung in den 80er Jahren

Das System der Grenzsicherung, wie es sich seit dem Mauerbau herausgebildet hatte, war im Laufe der 70er Jahre in zahlreichen internen Regelungen festgeschrieben worden und umfaßte rund 20 Elemente. Sie wurden in den 80er Jahren ausgebaut und perfektioniert, so daß es immer weniger Menschen gelang, die innerdeutsche Grenze einzeln zu überwinden.

1. Organisation der Grenzeinheiten nach der »Struktur 80«

Da sich die im Laufe der 70er Jahre vom grünen Tisch her eingeführte Bataillonssicherung nicht bewährt hatte, wurde ab Anfang der 80er Jahre in zwei Grenzregimentern eine neue Struktur erprobt. Das starre System der linearen Überwachung der Grenze auf einem Abschnitt bis zu 70 km mit geringer Verbindung zur Grenzbevölkerung hatte dazu geführt, daß die Zahl der Grenzdurchbrüche und Fahnenfluchten wieder gestiegen war. Um dem zu begegnen, wurde bis 1984 entlang der innerdeutschen Grenze (Ausnahme: Grenzkommando MITTE/ Berlin) eine neue »Struktur 80« eingeführt. Dieses System war eine modifizierte Kompaniesicherung, wie sie auch in den 50er und 60er Jahren bestanden hatte. Die »Struktur 80« ermöglichte es dem Kompaniechef der grenzsichernden Einheit wieder, im wesentlichen selbständig zu handeln und den unmittelbaren Kräfteeinsatz in seinem Grenzabschnitt selbst zu bestimmen.

So wurde die Grenze zur Tageszeit – innerhalb der normalen Sicherung – nur von einem minimalen Kontingent an Grenzposten unmittelbar im Schutzstreifen überwacht, während in der Tiefe des Grenzgebiets durch den koordinierten Einsatz von Grenzaufklärern, Volkspolizei und Helfern aus der Bevölkerung Grenzverletzer aufgespürt werden sollten. Abends und nachts – also zu den Zeiten, an denen Grenzverletzer zumeist ihr Glück versuchten – konzentrierte sich dann der Einsatz. Die Grenzkompanie sicherte verstärkt den Schutzstreifen, vor allem in der Zeit zwischen 20 Uhr und 4.00 Uhr morgens. Volkspolizei und Grenzaufklärer setzte man in erster Linie zwischen 19 Uhr und 3.00 Uhr morgens ein, Helfer der Grenztruppen und andere Kräfte der Volkspolizei in der Zeit zwischen 18 Uhr und 23 Uhr. Der Grenzkompaniechef führte dabei Tag und Nacht seine Soldaten selbst, lediglich unterstützt durch einen »Operativen Offizier vom Dienst« im Grenzbataillon, der zusätzliche Kräfte abstellen konnte, wenn es die Lage erforderte. Während die Kompanie für einen Abschnitt von 17 bis 20 km zuständig war, umfaßte der Verantwortungsbereich eines Grenzbataillons 65 bis 80 km, und Grenzregimenter hatten 130 bis 160 km zu sichern.

Dieses Sicherungssystem der »Struktur 80« sollte nach den Planungen der DDR-Grenztruppen Ende der 80er Jahre durch eine »Struktur 90« abgelöst werden, die – bei Ausbau der Grenztechnik – eine Reduzierung der Grenzpostendichte und eine verstärkte Sicherung in der Tiefe des Grenzgebiets vorsah.[64]

2. Grundprinzipien der Grenzsicherung

Nach den internen Dienstvorschriften der Grenztruppen war die Grenzsicherung »Bestandteil der Maßnahmen der Landesverteidigung der DDR«. Gemäß Ziffer 8.1. der Dienstvorschrift (DV) 18/8 der Grenztruppen der DDR (Ebene: Grenzkompanie), die zum 1. Dezember 1986 in Kraft trat, wurde die Grenzsicherung als »die Gesamtheit der taktischen Handlungen

Grenzmauer mit Rohrauflage und Führungspunkt eines Grenzabschnittes bei Oebisfelde; im Hintergrund Wehrturm der Sumpfburg, 1983.

und Ordnungsmaßnahmen der Grenztruppen der DDR« beschrieben, die »im Zusammenwirken mit anderen bewaffneten Kräften ... und in Zusammenarbeit mit den örtlichen Organen der Staatsmacht, den gesellschaftlichen Organisationen sowie der Bevölkerung im Grenzgebiet ... an der Staatsgrenze zur Bundesrepublik Deutschland und zu Westberlin« zu erfolgen hatten.

Als Hauptprinzipien der Grenzsicherung galten danach:

a) ununterbrochene, aktive und standhafte Handlungen in allen Arten der Grenzsicherung,
b) Konzentrierung der Kräfte und Mittel in den wichtigsten Richtungen und zur entscheidenden Zeit,
c) Staffelung der Kräfte und Mittel,
d) Aufklärung der Absichten und Handlungen des Gegners im einsehbaren Grenzgebiet des Gegners und im eigenen Grenzgebiet,
e) Tarnung und Geheimhaltung der eigenen Absichten und Handlungen,
f) ununterbrochenes Zusammenwirken (zum Beispiel mit freiwilligen Helfern der Grenztruppen und der Volkspolizei),
g) ständige Zusammenarbeit (zum Beispiel mit den örtlichen Staatsorganen und der Grenzbevölkerung).

Entsprechend der Lage an der Grenze wurden gemäß Ziffer 10 der DV 18/8 drei Arten der Grenzsicherung unterschieden: die normale, die verstärkte und die gefechtsmäßige Grenzsicherung. Darüber hinaus gab es noch weitere, in anderen Verordnungen geregelte geheime Arten der Grenzsicherung.

Grenzbeobachtungstürme der 2. und 3. Generation an der Bahnlinie Braunschweig – Berlin, 1984.

2.1. Normale Grenzsicherung

Diese galt, wenn im Grenzabschnitt und im Grenzgebiet des Gegners keine erhöhte Aktivität zu erwarten war und die Aufgaben zur Grenzsicherung bei normaler Auslastung der Kräfte erfüllt werden konnten. Der Kommandeur eines Grenzbataillons befahl dem Chef der Grenzkompanie die jeweilige »Richtung der Hauptanstrengung«. Der Kompaniechef hatte dann den Raum und die Schwerpunktzeit aufgrund der Beurteilung der Lage festzulegen. Unter »Richtung und Raum der Hauptanstrengung« verstand man dabei die wahrscheinliche Bewegungsrichtung der Grenzverletzer und unter »Schwerpunktzeit« den bevorzugten Zeitraum der Grenzverletzeraktivitäten, also vor allem die Zeit nachts ab 0.00 Uhr.

Dabei konnte man sich auf »Analysekarten der Grenzverletzerbewegung« stützen, die von jeder Grenzkompanie für die letzten zehn Jahre geführt wurden. Danach bestimmte man dann den Kräfteeinsatz der Grenzposten nach Umfang und Zeitpunkt. Erfahrene Grenzkommandeure und Kompaniechefs wußten in aller Regel, wann und wo sich Grenzverletzer zeigten.

Beim Einsatz der Einheiten im DDR-Grenzdienst galt es,

a) einem nach Abschnitten und Richtungen organisierten Beobachtungs- und Feuersystem entlang der Staatsgrenze gemäß zu handeln,
b) die Führung der im Grenzdienst eingesetzten Kräfte jederzeit sicherzustellen,
c) die volle Ausnutzung der Sperrwirkung der pionier- und signaltechnischen Anlagen, Beleuchtungsan-

lagen, Signalfelder und Wachhunde zu garantieren,

d) die Sicherung der wahrscheinlichen Richtungen der Grenzverletzerbewegung an den Zugängen zum und im Schutzstreifen unter besonderer Berücksichtigung des Raumes der Hauptanstrengung und der Schwerpunktzeit vorzunehmen,

e) die rechtzeitige Feststellung aller Anzeichen einer Grenzverletzung und das aktive Handeln von Alarmeinheiten zu gewährleisten.

Beim Einsatz von Grenzposten zum Grenzdienst war generell zu beachten, daß

– Grenzposten entsprechend der zu erfüllenden Aufgabe im Rahmen der Züge oder der Grenzkompanie zu bilden sind,

– Grenzposten auf der Grundlage der Schlußfolgerungen aus der Personalanalyse zusammengesetzt und ihre Einsatzorte festgelegt werden (diese Bestimmung zielt auf Zuverlässigkeitskriterien – im Soldatenjargon »Blutgruppen« genannt – ab; Grenzsoldaten wurden vom MfS nach Kategorien eingestuft),

– ein aufeinanderfolgender Einsatz der Grenzposten im gleichen Postenbereich und in gleicher Zusammensetzung nicht zugelassen wird (auch hier: Mißtrauen bestimmte die Postenzusammenstellung; man wollte denkbare Fahnenfluchten unterbinden).

Der normale Grenzdienst betrug acht Stunden ohne Pause, eine lange Zeit, die nicht immer bei voller Aufmerksamkeit bewältigt werden konnte. Ruhepausen waren deshalb durchaus üblich, manchmal wurde Radio gehört, oder einer der Grenzposten suchte sich ein stilles Plätzchen für einen kurzen Schlaf. Das alles war verboten und führte bei Entdeckung durch Kontroll- bzw. Offiziersstreifen zu Disziplinarverfahren.

Jede Verbindungsaufnahme zum Gegner – also Bundesgrenzschutz, Zollgrenzdienst oder zu Zivilisten auf der Westseite der Grenze – war strikt untersagt, selbst ein Tagesgruß durfte nicht erwidert werden. Außerdem hatten sich DDR-Grenzer abzuwenden, wenn sie gefilmt bzw. fotografiert wurden. Diese Auflagen mußten streng befolgt werden, Zuwiderhandlungen wurden bestraft. Es war somit keine individuelle Unfreundlichkeit des Grenzsoldaten, wenn er sich unnahbar gab. Gelegentliche Beschimpfungen der Grenzer durch Besucher von der Westseite der Grenze aus mögen bei vielen aber auch die von der SED gewollte Tendenz zur totalen Abschottung befördert haben.

Bei Arbeiten »feindwärts des vorderen Sperrelements«, also vor dem Metallgitter- bzw. Grenzzaun I, jedoch noch auf dem Gebiet der DDR, durften nur bestätigte Angehörige der Grenzkompanie unter Führung

Demontage des alten Grenzzaunes nach Errichtung der neuen Grenzmauer in der Nähe von Oebisfelde; als äußere Begrenzung für die Bauarbeiter wurde unmittelbar vor der Grenzlinie eine rote Schnur gespannt; die Soldaten wurden zusätzlich durch Grenzaufklärer bewacht.

eines Offiziers – in Ausnahmefällen eines Grenzaufklärers – tätig werden. Die Sicherungskräfte hatten die Postenbereiche zudem mindestens 30 Minuten vor Beginn der Arbeiten zu beziehen und frühestens 30 Minuten nach Beendigung der Arbeiten zu verlassen. Zuvor wurde eine rote Schnur gespannt, die von den eingesetzten Arbeitsgruppen/Grenzern nicht überquert werden durfte. Im Bauabschnitt eingesetzte Kfz und Pioniertechnik waren zu sichern; Kettenfahrzeuge mußten – aus gegebenem Anlaß wegen Fluchten mit diesen Fahrzeugen – mit einem Sicherungsposten besetzt werden (vgl. Ziffer 62 und 66 DV 18/8).

2.2. Verstärkte Grenzsicherung

Wenn an der Grenze eine »erhöhte Aktivität gegnerischer Kräfte« zu erkennen war, wurde diese Art der Grenzsicherung auf Befehl des Grenzkompaniechefs oder von dessem Vorgesetzten zeitweilig durchgeführt. Die verstärkte Grenzsicherung rief man auch dann aus, wenn »anhaltend ungünstiges Wetter«, zum Beispiel Nebel, bestand. In solchen Fällen wurden die Dienstzeiten verlängert, zusätzliche Alarmeinheiten herangeführt, der Einsatz von Grenzaufklärern und freiwilligen Helfern der Grenztruppen intensiviert sowie der Ausgang für Soldaten eingeschränkt.

2.3. Gefechtsmäßige Grenzsicherung

Diese sollte nur in Spannungszeiten, in Erwartung bzw. bei Beginn eines Konflikts/Krieges ausgerufen werden. Die Grenztruppen der DDR hatten dann, so die Planung, »im Zusammenwirken mit den territorialen Kräften und Kräften der Landstreitkräfte (der NVA) das Staatsgebiet der DDR hartnäckig und aktiv zu verteidigen« (Ziffer 81 DV 18/8). Darüber hinaus existierten noch andere Formen der »Gefechtsbereitschaft« der Grenztruppen, die denen der regulären NVA entsprachen.[65]

3. Grenzaufklärung

In allen Dienstvorschriften der sogenannten 18er Reihe wird die Grenzaufklärung als »die wichtigste Art der

Grenzaufklärer vor dem Metallgitterzaun in der Nähe von Sonneberg (Thüringen) und gut getarnt an der Ostsee bei Priwall (unten).

Sicherstellung der Grenzsicherung« bezeichnet. DDR-Grenzaufklärung hatte das Ziel, die für die Vorbereitung und Durchführung der Grenzsicherung erforderlichen Angaben über den Gegner »beiderseits der Staatsgrenze einzubringen«. Sie sollte Angaben vorlegen über

– die Vorbereitung oder Anzeichen von Grenzdurchbrüchen,

– Annäherungswege sowie -richtungen und Unterschlupfmöglichkeiten der Grenzverletzer,

– geplante Grenzprovokationen und Informationen über den Gegner auf der anderen Seite der Grenzlinie.

Zur Erfüllung dieser Aufgaben waren folgende Methoden der Grenzaufklärung[66] vorgesehen: Beobachtung, Horchdienst, Befragung der Grenzbevölkerung, Studium von Dokumenten, Einholen von Informationen und Befragung von Grenzverletzern. Die Beobachtung galt als Hauptmethode der Grenzaufklärung; sie war vor allem im »Raum der Hauptanstrengung« durchzuführen.

Bei den Grenzkompanien wurde ein Grenzaufklärerzug geführt, der aus 16 Angehörigen bestand. Grenzaufklärer waren speziell ausgebildete Berufsunteroffiziere und Fähnriche (Laufbahn zwischen Unteroffizier und Offizier), die das besondere Vertrauen des MfS hatten.

4. Schußwaffengebrauchsbestimmungen

Unstrittig ist, daß die Schußwaffengebrauchsbestimmungen der Grenztruppen der DDR in der 80er Jahren weitergalten und auch nach Inkrafttreten des DDR-Grenzgesetzes vom 25. März 1982 im wesentlichen unverändert blieben.

Zwar bewirkten gelegentliche »Sicherungsperioden« bei hohen Staatsbesuchen das Aussetzen des Schießbefehls, doch wurde bis Ende der 80er Jahre weitergeschossen, in erster Linie an der Berliner Mauer. Dort starb auch 1989 der letzte DDR-Bürger durch Waffengewalt.

Oben: Grenzaufklärer während Vermessungsarbeiten am geöffneten Durchlaßtor des 3,20 Meter hohen Metallgitterzauns bei Dahrendorf im Harper Bogen westlich von Salzwedel.
Rechts: Direkte Begegnung eines DDR-Grenzaufklärers und eines bundesdeutschen Zöllners (rechts im Bild) im Harz bei Ellrich.

Fallbeispiel 5:
Chris Gueffroy, geboren am 21. Juni 1968, wurde in der Nacht vom 5. zum 6. Februar 1989 von Soldaten des Grenzregiments 33 (Grenzkommando MITTE/ Berlin) erschossen.

Die Geheime Verschlußsache G/739022 vermerkt dazu lapidar: »Am 5.2.1989 um 23.40 Uhr, Festnahme des Gueffroy, Chris, geb. 21.6.1968, wohnhaft: 1197 Berlin-Johannisthal, Südostallee 218, ... durch eingesetzte Grenzposten im Abschnitt ca. 300 m ostwärts der Straße 16 in Berlin-Treptow unmittelbar freundwärts des Grenzzaunes I.«[67] Das Protokoll enthielt keinerlei Hinweis auf den erfolgten Schußwaffengebrauch und über Verletzungen des Festgenommenen, was in derartigen Papieren sonst durchaus üblich war.

Die Flucht über die Berliner Mauer versuchte Chris Gueffroy nicht allein – dabei war sein Freund Christian Gaudian. Dieser berichtete nach der Wende in der DDR, wie sich der Grenzzwischenfall tatsächlich abgespielt hatte. Danach hätte eine Festnahme der beiden jungen Männer ohne jeden Schußwaffengebrauch erfolgen können, denn die Grenzsoldaten waren in unmittelbarer Nähe und in der Lage, die Grenzverletzer festzuhalten, weil beide vor dem letzten Grenzhindernis standen – mit dem Rücken zum Zaun. In dieser Position trafen Gueffroy und Gaudian Schüsse.

Chris Gueffroy, der noch 1989 an der Berliner Grenze erschossen wurde.

Die Tageszeitung *Neue Zeit* berichtete am 30. Juni 1990 über diesen Vorgang in der Februarnacht des Jahres 1989: »Zwölf Grenzer standen im Halbkreis vor ihnen, bis auf einen älteren, der offensichtlich die Kommandos erteilte, junge Männer im gleichen Alter. Es ist 23.55 Uhr. Christian glaubt den Freund schwer verletzt und bewußtlos. Von den Grenzern werden sie mit einem Fußtritt in den eineinhalb Meter tiefen Graben vor jenem letzten Zaun gestoßen. Zehn Minuten später kommt ein Trabant-Kübelwagen, auf den sie geworfen werden und der sie aus der Grenzanlage hinausfährt. Sie werden abgeworfen, über ihre Köpfe wird eine Decke gebreitet. Chris liegt nun etwa 10 bis 15 Meter entfernt von Christian, der nicht weiß, ob der Freund noch lebt. Er selbst ist in den Fuß getroffen worden. Er fragt, wann ein Krankenwagen kommt. Der gleichaltrige Grenzer wirft als Antwort eine Zigarettenkippe nach ihm, die kurz vor seinem Gesicht landet. Mit einem Krankenwagen werden sie quer durch die nächtliche Stadt ins Polizeikrankenhaus Scharnhorststraße gefahren im Berliner Norden. Während der Fahrt erfolgen keinerlei medizinische Hilfsmaßnahmen. Es ist ein Uhr, als sie eintreffen.«[68]

Die Mutter von Chris, Frau Karin Gueffroy, erhielt von den DDR-Behörden später eine Sterbeurkunde, die die Art des Todes verschweigt, ebenso den Todesort. Die knappe Formulierung lautete nur: »Verstorben am 6. Februar 1989 um 0.20 Uhr in Berlin-Mitte.«

Karin Gueffroy strengte einen Prozeß gegen die Täter an, die 1994 in zweiter Instanz zu Bewährungsstrafen verurteilt wurden, und trat als Nebenklägerin im Prozeß gegen die eigentlich Verantwortlichen, die Mitglieder des Nationalen Verteidigungsrates der DDR, auf. Einer der ranghöchsten Offiziere der DDR versuchte in diesem Prozeß, den Schußwaffengebrauch an der Grenze zu verharmlosen. Fritz Streletz, Generaloberst, Sekretär des NVR und Chef des Hauptstabes der NVA, gab vor Gericht folgende persönliche Erklärung ab: »Das Ziel der Schußwaffenanwendung war ausnahmslos die Festnahme von Grenzverletzern und niemals ihre Tötung. (...) Es sei mir in diesem Zusammenhang gestattet, an folgende Zahlen zu erinnern: In den letzten 10 Jahren von 1979 bis 1988 wurden 3.600 Grenzverletzer festgenommen; 187mal wurde dabei die Schußwaffe angewendet, davon 30- bis 40mal mit gezieltem Feuer. Auch diese Zahlen beweisen, daß – der Einsatz der Schußwaffe die Ausnahme bildete und – nie direkt befohlen wurde, Grenzverletzer zu töten, es also niemals einen sogenannten Schießbefehl gegeben hat.«[69]

Streletz, inzwischen ebenfalls wegen Totschlags rechtskräftig verurteilt, hat nicht verstanden, daß man jungen Grenzern nicht befehlen darf, im Frieden auf Menschen zu schießen. Und diese Befehle hat es gegeben, die Schußwaffengebrauchsbestimmungen der DDR konnten auch den Todesschuß beinhalten; in den grenzsichernden Einheiten – im unmittelbaren Grenzdienst – ist über lange Jahre auch die »Vernichtung« des Grenzverletzers erlaubt gewesen. Erst im April 1989 haben die Verantwortlichen klammheimlich das Schießen auf Flüchtlinge endgültig verboten – ein halbes Jahr vor der Wende in der DDR.

5. Der Einsatz von Grenzsoldaten

In den 80er Jahren dienten etwa 45.000 Mann in den Grenztruppen der DDR: Soldaten im Grundwehrdienst (achtzehn Monate), Unteroffiziere auf Zeit (drei Jahre), Berufsunteroffiziere, Fähnriche, Offiziere und Generale. Bei den Einberufungen wurde darauf geachtet, daß keine verwandtschaftlichen Beziehungen zum Westen vorhanden waren. Und in den Grenzausbildungsregimentern (GAR) wurden jene Soldaten registriert, die die Anwendung der Schußwaffe ablehnten. Solche Wehrpflichtigen gab es durchaus; diese hatten dann in rückwärtigen Einheiten ihre Dienstzeit zu absolvieren.

Die Soldaten in den grenzsichernden Einheiten galten in den Augen der Verantwortlichen zeitweise als Garde der NVA. Und ausgestattet mit dem Recht, im Frieden an der Grenze auf Menschen zu schießen, »avancierten die Grenztruppen zu einer Eliteeinheit mit einer potentiellen ›licence to kill‹, einer Berechtigung zum Töten«, wie es selbst das *Neue Deutschland* formulierte.[70]

Die Mehrheit der Grenzsoldaten fürchtete den Ernstfall eines Grenzdurchbruchs und war nicht darauf aus, die Waffe einzusetzen. Und Tausende flohen im Laufe der Jahrzehnte in den Westen, unter ihnen Offiziere bis zum Dienstgrad Oberstleutnant. Fahnenfluchten gehörten immer zum Alltag der Truppe, obwohl deren »Verwaltung 2000«, die Stasi in den Grenztruppen, sich große Mühe gab, das Fluchtrisiko durch Zuverlässigkeitskategorien und Spitzelunwesen zu minimieren. Die grenzsichernden Kompanien waren von Inoffiziellen Mitarbeitern (IM) durchsetzt, die vor allem eines feststellen sollten: Fluchtabsichten von Kameraden. Insgesamt verloren 25 Grenzer ihr Leben, zum Teil auch durch den Schußwaffengebrauch fahnenflüchtiger Soldaten.

An der Staatsgrenze zur BRD standen in den 80er Jahren rund 30.000 Soldaten, in und um Berlin waren etwa 8.000 Grenzer im »Dienst für Frieden und Sozialismus«. An den Grenzen der DDR zur ČSSR und zur Volksrepublik Polen taten knapp 1.000 Grenzer Dienst, der aber nicht als Grenzsicherung, sondern als Grenzüberwachung galt.[71] Hinzu kamen Soldaten in den rückwärtigen Einheiten sowie an den Schulen der Grenztruppen.

Der prozentuale SED-Mitgliederanteil der jeweiligen Dienstgradgruppen der DDR-Grenztruppen setzte sich 1987/88 wie folgt zusammen: Offiziere 96,9 %, Fähnriche 97,3 %, Berufsunteroffiziere 74,1 %, Unteroffiziere auf Zeit 21,7 % (1. Ausbildungsjahr) und Soldaten im Grundwehrdienst 7,9 %.[72]

6. Paßkontrolleinheiten (PKE)

Die Paßüberprüfung an den Grenzübergangsstellen (GÜST) besorgten seit 1962/63 nicht mehr die »normale« Grenzpolizei bzw. NVA-Grenztruppe, sondern Angehörige des MfS in Uniform der Grenztruppen. Aufgrund von Vereinbarungen des MfNV und des MfS waren diese Paßkontrolleinheiten operativ dem Mielke-Imperium zugeordnet worden. Gegen Ende der DDR sollen insgesamt 11.000 Mitarbeiter den PKE angehört haben, die von der Hauptverwaltung VI des MfS geführt wurden.

PKE-Angehörige, die zum Teil noch aus der Grenzpolizei/Grenztruppe kamen bzw. vom MfS übernommen wurden, hatten gegenüber allen normalen Grenztruppenangehörigen Vorzugsrechte, erhielten eine bessere Bezahlung, bekamen schönere Urlaubsplätze und konnten schneller befördert werden. Gegenüber den Grenzern benahmen sich die PKE-Leute vielfach arrogant, da ihre Dienstgrade überall in den GÜST das Sagen hatten. Eine besondere Benutzerordnung im Bereich der Grenzübergangsstellen schrieb beispielsweise vor, daß sich normale Grenztruppenangehörige nicht im unmittelbaren Abfertigungsbereich aufhalten durften.

7. Das MfS in den Grenztruppen

Grenzpolizei und NVA sowie später die DDR-Grenztruppen erfuhren immer die besondere Aufmerksamkeit des MfS, zeitweise leitete das MfS in den 50er Jahren sogar die Grenzformationen der DDR direkt an. Das gesteigerte Interesse an den DDR-Grenztruppen ist bis zum Ende der DDR nachweisbar. Ständig versuchte Erich Mielke, seinen Einfluß in der Truppe auszuweiten.

Die »Verwaltung 2000« (Militärabwehr), die der Hauptabteilung I des MfS unterstand, kümmerte sich um die Abschottung der DDR-Grenztruppen (und der

Drei Arbeitern gelang mit einer Planierraupe am 29. April 1982 bei Weferlingen in der Nähe von Helmstedt der Durchbruch durch die DDR-Grenzanlagen. Das Schiebeschild konnte die Einschläge der Selbstschußanlagen abhalten.

NVA). Beim Kommando der Grenztruppen in Pätz bei Königs Wusterhausen bestand ein »Verantwortungsbereich Stellvertreter Kommando Grenztruppen«, der von einem Oberst befehligt wurde. Diesem arbeiteten über 100 Offiziere zu, die – unterteilt in die Bereiche Abwehr und Aufklärung – dem Kommando angehörten. Außerdem kamen weitere 100 Planstellen in einer Abteilung Grenzsicherheit dazu. Ferner existierten bei den drei Grenzkommandos NORD, MITTE und SÜD jeweils Abteilungen für Abwehr und Aufklärung mit zusammen etwa 600 Mitarbeitern.

Die Abteilungen für Abwehr bei den Grenzkommandos sollten in erster Linie die personelle und funktionelle Stabilität der Truppe sicherstellen, im Klartext: Fahnenfluchten verhindern. Die Abwehroffiziere waren auch dafür verantwortlich, in Absprache mit den Chefs der Einheiten die Zuverlässigkeitskriterien der Grenzsoldaten (»Blutgruppen«) festzulegen (Befehl 44/83).

Die MfS-Nähe der DDR-Grenztruppen in den 80er Jahren wurde ferner dadurch verstärkt, daß man die Funktion eines MfS-Grenzbeauftragten zum 1. April 1986 bei jedem Grenzregiment einführte. Dieser Mann sollte alle Aktivitäten, die mit dem Schutz der Staatsgrenze in Verbindung gebracht werden konnten, koordinieren und kontrollieren. Bei den Abteilungen der »Verwaltung 2000« wurden Dutzende von Planstellen für »IM-führende Mitarbeiter« in den Diensteinheiten geschaffen ebenso wie bei der Hauptabteilung VI, die darüber hinaus auch »Offiziere im besonderen Einsatz« (OibE) führte, die in erster Linie in der DDR-Zollverwaltung zum Einsatz kamen. Insgesamt waren die DDR-Grenztruppen massiv durchsetzt mit haupt- und nebenamtlichen Mitarbeitern des MfS.

8. Freiwillige Helfer der Grenztruppen (FHG)

Mehrere Tausend Helfer dienten in den 80er Jahren im DDR-Grenzdienst, in aller Regel zwar in einer Uniform (ohne Rangabzeichen), aber ohne Waffen. Rekrutiert aus der Grenzbevölkerung, leisteten diese Leute zwei bis vier Stunden wöchentlich Dienst in der Zeit von 18.00 bis 23.00 Uhr – schwerpunktmäßig an Wochenenden und in der Urlaubszeit. Freiwillige Helfer wurden auch als Doppelposten eingesetzt zusammen mit Grenzaufklärern, Grenzposten, Angehörigen der Volkspolizei und freiwilligen Helfern der VP. Hauptaufgabe der ortskundigen Helfer war es immer, Grenzverletzer zu erkennen und festzunehmen.

Die Partei- und Grenztruppenführung hatte die Absicht, im Zuge der Einführung der »Struktur 90« die Zahl der FHG erheblich zu erhöhen, und schuf dafür spezielle Belohnungssysteme (materielle Anreize). Mehr als 6 % der Grenzbevölkerung waren schließlich dazu ausersehen, diese Hilfsdienste zu leisten.

Die FHG-Gruppen wurden von der jeweiligen Grenzkompanie geführt und an Waffen ausgebildet, obwohl sie normalerweise ohne Waffe Dienst taten. Nur wenn sie gelegentlich auch im regulären Grenzdienst eingesetzt wurden, erhielten sie eine Waffe.

Nagelplatten zur Verhinderung von Fluchtversuchen auf dem Dach eines Hauses in unmittelbarer Nähe der Berliner Mauer (Ortsteil Wilhelmsruh), 1986.

9. Das Grenzgebiet

Nach dem DDR-Grenzgesetz von 1982 und seinen Folgebestimmungen galt das Grenzgebiet mit einer Tiefe von 3 bis 5 km als staatlich festgelegter und markierter Geländestreifen entlang der Staatsgrenze, in dem besondere Rechtsvorschriften galten. Es umfaßte mehr als 300 Ortschaften mit rund 200.000 Einwohnern. Zum Grenzgebiet gehörten auch ein Schutzstreifen unmittelbar entlang der Staatsgrenze und eine sich daran anschließende Sperrzone von etwa 50 bis 500 m Tiefe.

Entlang der DDR-Küste existierte eine Grenzzone von etwa 5 km landeinwärts, die auch die Inseln Poel, Rügen, Hiddensee und Usedom sowie die Halbinseln Darß und Wustrow einschloß.

An das Grenzgebiet angrenzende Räume der Kreise mit Staatsgrenze zur BRD und zu Westberlin wurden als »Grenznaher Raum« bezeichnet und waren im Rahmen der Tiefensicherung von Bedeutung. Diese erfolgte mit dem Ziel, »rechtzeitig und vorbeugend das Eindringen feindlicher und negativer Kräfte in die (...) Sperrgebiete zu verhindern«.

Einreise und Aufenthalt in Sperrzone und Schutzstreifen wurden an besondere Erlaubnisse (Passierscheine) geknüpft, die Wohnsitznahme im Grenzgebiet war an eine Zuzugsgenehmigung gebunden. Öffentliche Einrichtungen, Neu- und Erweiterungsbauten sowie volkswirtschaftliche Arbeiten konnten nur unter Auflagen durchgeführt werden. Generell waren die Verantwortlichen bestrebt, Betriebe aller Art aus dem Grenzgebiet ins Hinterland zu verlegen und nur denjenigen Bürgern den Zuzug zu gestatten, die zum Beispiel als Grenzer Dienst getan hatten und die sich nunmehr vor Ort niederlassen wollten, da sie eine Frau aus der Gegend kennengelernt hatten.

Wer nach entsprechender Prüfung zu einem Kuraufenthalt oder Urlaub ins Grenzgebiet einreisen durfte, erhielt gleich zu Beginn »Hinweise« der Grenztruppen der DDR für das richtige Verhalten im Grenzgebiet.

Fallbeispiel 6:

Hinweise der Grenztruppen der DDR für den Aufenthalt in Schierke/Harz.

»Werte Gäste! Sie haben das Vertrauen erhalten, in einem Kurort unmittelbar an der Staatsgrenze zur BRD Ihren Urlaub zu verbringen, und wir erwarten, daß Sie dieses während Ihres Aufenthaltes stets rechtfertigen. (...) An der unserer Staatsgrenze abgewandten Seite finden Sie ... die schönsten Wanderwege. Innerhalb der Sperrzone benutzen Sie bitte die Wanderwege, die mit Schildern der Aufschrift ›Schutzstreifen! Betreten und Befahren verboten!‹ gekennzeichnet sind, nie! (...) Wir möchten Sie ... darauf hinweisen, daß das Betre-

Grenz-Bahnübergang für den Güterverkehr bei Ellrich (Harz), 1982.

Führungspunkt der Grenztruppen vor dem Harzer Brocken, 1983.

ten des Schutzstreifens eine hohe Verletzung der Ordnung und Sicherheit darstellt und Sie sich außerdem in große Gefahr bringen, da unsere Grenzsoldaten nicht erkennen können, ob es sich um einen Urlauber, der sich verirrt hat, oder um ein versuchtes Grenzverbrechen handelt. Unsere Soldaten sind befugt, im Interesse des Friedens und zum Schutz der Heimat von der Schußwaffe Gebrauch zu machen. Beim Betreten des Schutzstreifens haben Sie mit sofortiger Ausweisung aus der Sperrzone zu rechnen. Ihr Urlaub ist ohne Rückvergütung abzubrechen. Sie können weiterhin mit einem Ordnungsstrafverfahren und Benachrichtigung Ihres Betriebes rechnen.«[73]

Manche, die derartige Hinweise erhielten, werden darüber nachgedacht haben, den Urlaub von sich aus zu beenden. Wohlfühlen konnte man sich in einer solchen Umgebung wohl kaum.

Das DDR-Grenzgebiet war republikweit in der Nähe zur Grenze zur BRD und zu Westberlin durch öffentliche Hinweise (Tafeln/Wegweiser/Schilder) deutlich gekennzeichnet. Die Straßen zum Grenzgebiet enthielten ebenfalls Hinweise (zum Beispiel: »Letzte Ausfahrt vor dem Grenzgebiet der DDR«), und an den Zufahrten zum Grenzgebiet auf den Straßen und Autobahnen befanden sich Schlagbäume mit Volkspolizeiwachen. In Bahnen und Bussen, die zum Grenzgebiet führten, kontrollierten auffällig Angehörige der VP und Transportpolizei Reisende, insbesondere junge Leute.

Grenzübergangsstelle Selmsdorf in der Nähe von Lübeck (oben) und Berlin-Schönefeld (unten).

10. Grenzübergangsstellen der DDR (GÜST)

Die innerdeutsche Grenze war in den 80er Jahren an zehn Straßen- und acht Eisenbahnübergängen passierbar. Während sich die Abfertigungsanlagen auf der westdeutschen Seite in eher bescheidenem Rahmen hielten, errichtete die DDR in den 70er und frühen 80er Jahren zum Teil riesige Autobahnübergänge, in erster Linie auf den Transitstrecken von und nach Berlin. Die Grenzübergangsstellen Drewitz und Marienborn an der Strecke Bundesgebiet–Westberlin waren die größten derartigen Anlagen mit jeweils rund 1.000 Grenzern, Angehörigen der PKE und des Zolls der DDR.

Die DDR unterhielt ferner im geteilten Berlin eine Reihe von Straßen- und Eisenbahnübergängen sowie S- und U-Bahnübergangsstellen; die bekannteste war der Bahnhof Friedrichstraße mit Eisenbahn-, S- und U-Bahnverbindung in den Westen.

Alle GÜST waren in der Regel Tag und Nacht geöffnet. Die größeren Anlagen fertigten an den Transitstrecken pro Jahr mehrere Millionen Menschen ab.

Obwohl immer einige Fahrbahnen offenblieben, kam es in Spitzenbelastungszeiten zu Staus und längeren Wartezeiten. Transitreisende und Ein- und Ausreisende in die/aus der DDR wurden in unterschiedlicher Art und Weise abgefertigt: Die Transitreisenden konnten auf eine eher schnelle Kontrolle vertrauen und mußten sich nur in seltenen Mißbrauchverdachtsfällen einer strengen Untersuchung unterziehen. Bürger, die in die DDR einreisen wollten oder sie verließen, hatten sich dagegen oft einer langwierigen, umständlichen Grenzkontrollprozedur zu unterwerfen, die bis in die 80er Jahre hinein auch unfreundlich bis grob verlaufen konnte und immer wieder zu Beschwerden führte.

Dabei trafen die Menschen zwar auf Uniformierte in Grenzermontur sowie auf Zollbedienstete der DDR, doch erfolgte die Personenkontrolle durch die Stasi. Innerhalb der GÜST hatten diese MfSler die Oberhoheit, auch wenn der Kommandant einer GÜST immer den regulären Grenztruppen angehörte. Wer, wann und wo innerhalb der Grenzkontrolleinrichtungen tätig werden durfte, wer bestimmte Bereiche der GÜST betreten konnte, entschied der PKE-Oberoffizier. Angehörige der normalen Grenztruppen hatten sich in den GÜST auf äußere Sicherheitsaufgaben zu beschränken – sie besorgten die Bewachung der Übergangsstelle.[74]

»Handverlesene« Stasi-Offiziere bedienten auch technische Kontrolleinrichtungen, die erst nach der Wende in der DDR bekannt wurden: die Röntgenanlagen (»Gammakanonen«), die seit 1979 an allen Straßen-GÜST installiert wurden. Mit Hilfe radioaktiver Strahlung fahndeten die MfS-Offiziere damit nach Flüchtlingen in PKW und LKW, die die Grenze passierten, – sowohl innerhalb Berlins als auch an den GÜST zur BRD. Die »Gammastrahlenquellen« waren auf besonderen Beschaubrücken in den GÜST angebracht. *Der Spiegel* dazu 1994: »Nach der Vorkontrolle durch die Volkspolizei passierten die Autos nach etwa 20 m mit 6 bis 20 km/h die für Pkw in 5 m Höhe angebrachte Strahlenkontrolle. Lastkraftwagen wurden aus den seitlichen Stützpfeilern heraus durchstrahlt. Die Mechanik des Apparates wurde durch Stasi-Offiziere mittels Knopfdruck ausgelöst, die Blenden der Strahlenquellen blieben 10 bis 30 Sekunden offen. Die ionisierenden Gammastrahlen durchdrangen das Auto und wurden von jeweils 130 Szintillatoren registriert, die unter einer Bitumenfuge der Fahrbahn in einem Metallkanal versteckt waren. Das Detektorsystem war jeweils mit vier »Robotron«-Rechnereinheiten verbunden, die sekundenschnell ein Monitorbild aufbauten. Es zeigte einen waagerechten Schnitt durch das Fahrzeug. Insassen und verborgene Personen waren darauf als dunkle Schatten sichtbar. Verdächtige Pkw wurden in Untersuchungsräume dirigiert, bei Lkw kamen Spürhunde zum Einsatz.«[75]

Die Strahlenquellen enthielten radioaktives Cäsium 137, und insbesondere oft kontrollierte Berufskraftfahrer könnten aufgrund des Gammastrahlenbeschusses Spätfolgen erleiden. Auch diejenigen Stasi-Offiziere, die unmittelbaren Umgang mit diesen Geräten hatten, sind gefährdet.

11. Selbstschußanlagen/Splitterminen am Grenzzaun

Seit 1971 bis Anfang der 80er Jahre wurden auf rund 450 km an der innerdeutschen Grenze bis zu 60.000 sogenannter Splitterminen SM-70 am vorderen Sperrelement – dem Metallgitterzaun/Grenzzaun I – angebracht. Die SM-70-Anlagen galten in den Grenztruppen als das wirksamste Sperrelement überhaupt, weshalb ein weiterer Ausbau noch 1982/83 geplant wurde.

Am 1. Juli 1983 erging ein Beschluß des NVR zur »Erhöhung der Wirksamkeit von Grenzsicherungsanlagen an der Staatsgrenze der DDR zur BRD und zu Berlin (West)«, der auf Basis abgestimmter Vorschläge des MfNV, des MfS, des MdI und der Abteilung Sicherheitsfragen des ZK der SED verabschiedet worden war. Dieser Beschluß enthielt unter anderem folgende Aussagen:

»(1) Die in der Tiefe des Schutzstreifens vorhandenen Grenzsicherungsanlagen sind auf ihrer ge-

Selbstschußautomaten am Metallgitterzaun zwischen Asbach (Thüringen) und Bad Sooden-Allendorf (Hessen), sowie bei Helmstedt, 1982.

samten Länge zu einem wirksamen und zuverlässigen Grenzsignal- und Sperrzaun, unter Verwendung neuer Grenzsignalzaunelektronik mit Ergänzungseinrichtungen und funktionssicheren Schließanlagen in Gassentoren sowie wildabweisenden Mitteln, umzurüsten. In wichtigen Richtungen ist der Grenzsignal- und Sperrzaun mit Hundelaufanlagen zu ergänzen.

(2) Die gegenwärtig 650 km minengesperrten Abschnitte der Staatsgrenze (davon 200 km Erdminensperren und 450 km Sperranlagen mit Splitterminen) sind auf 320 km zu reduzieren. Dazu sind die in 30 bis 50 m Abstand von der Staatsgrenze am Grenzzaun I (3 m Höhe) montierten 450 km Sperranlagen mit Splitterminen schrittweise abzubauen. Der Grenzzaun I (3 m Höhe) verbleibt als Sperr- und Warnzaun und ist entsprechend den Erfordernissen der Lage und dem Stand der Forschung und Entwicklung durch den Einsatz neuentwickelter Grenzsicherungsanlagen mit physikalischen Wirkprinzipien zu ergänzen. Der Abbau der Splitterminen erfolgt nach Umrüstung der in der Tiefe des Schutzstreifens errichteten Grenzsignalanlagen in den betreffenden Abschnitten.

(3) Die zum Teil mit veralteten Minentypen vorhandenen 200 km Erdminensperren sind in ihrer Länge zu erhalten und unter Berücksichtigung der Lagebedingungen und Schwerpunktrichtungen schrittweise bei Verwendung moderner Erdminen zu rekonstruieren. In der Tiefe des Schutzstreifens sind in besonders gefährdeten Abschnitten bis 120 km Sperranlagen mit Splitterminen im Abstand von ca. 20 m vom Grenzsignal- und Sperrzaun unter Beachtung der geographischen und demographischen Bedingungen neu zu errichten. Die Splitterminenanlagen sind ständig technisch zu vervollkommnen.«

Der Beschluß konnte jedoch nicht mehr realisiert werden. Die Partei- und Staatsführung unter Erich Honecker entschloß sich im Oktober 1983 nach internen Absprachen mit Franz Josef Strauß und dessen Zusage, der DDR einen Milliarden-DM-Kredit zu vermitteln, zum Abbau aller Splitterminen.[76]

Selbstschußautomaten am Grenzzaun in unmittelbarer Wohnnähe, Eckertal im Harz, 1982.

Bis 1977/78 hatten die Grenztruppen die Splittermine SM-70 – Anlage 501 verlegt bzw. am Grenzzaun I angebracht; seitdem installierte die Truppe den verbesserten Typ SM-70 – Anlage 701 (mit Plastekasten). Die Anlage 501 verschoß 80 Stahlsplitter à 4 x 4 mm mit einer Ladung von 110 Gramm TNT; die verbesserte Anlage 701 dagegen 20 Wälzlagerkugeln à 8 mm mit 98 Gramm TNT/Hexogen. Die absolute Flugweite der Splitter und Geschosse betrug 120 bzw. 280 m, die seitliche Streuung 15 bzw. 26 m. Zumindest die Anlage 501 verstieß grob gegen Völkerrecht, denn ihre Wirkung entsprach Dum-Dum-Geschossen.

Der im Oktober 1983 politisch befohlene Abbau der Anlagen überraschte die Grenztruppenführung genauso wie die Sowjets und führte in den Einheiten zu manchen Fragen, bedeutete er doch einen erhöhten Einsatz an Personal. Der Befehl wurde jedoch unverzüglich umgesetzt und die Arbeiten waren binnen eines Jahres bis zum 30. November 1984 vollständig abgeschlossen.

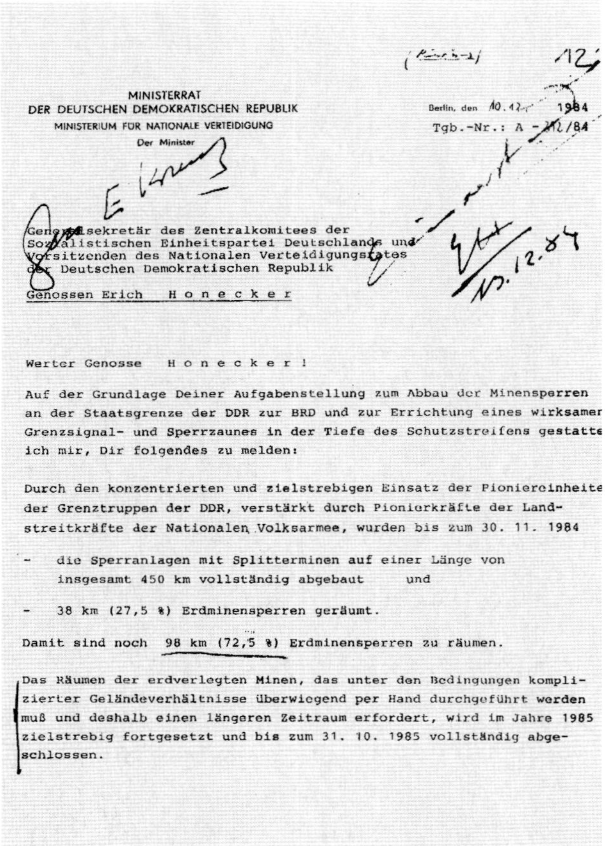

MINISTERRAT
DER DEUTSCHEN DEMOKRATISCHEN REPUBLIK
MINISTERIUM FÜR NATIONALE VERTEIDIGUNG
Der Minister

Berlin, den 10.12. 1984
Tgb.-Nr.: A - 112/84

Generalsekretär des Zentralkomitees der
Sozialistischen Einheitspartei Deutschlands und
Vorsitzenden des Nationalen Verteidigungsrates
der Deutschen Demokratischen Republik

Genossen Erich H o n e c k e r

Werter Genosse H o n e c k e r !

Auf der Grundlage Deiner Aufgabenstellung zum Abbau der Minensperren an der Staatsgrenze der DDR zur BRD und zur Errichtung eines wirksamen Grenzsignal- und Sperrzaunes in der Tiefe des Schutzstreifens gestatte ich mir, Dir folgendes zu melden:

Durch den konzentrierten und zielstrebigen Einsatz der Pioniereinheiten der Grenztruppen der DDR, verstärkt durch Pionierkräfte der Landstreitkräfte der Nationalen Volksarmee, wurden bis zum 30. 11. 1984

- die Sperranlagen mit Splitterminen auf einer Länge von insgesamt 450 km vollständig abgebaut und
- 38 km (27,5 %) Erdminensperren geräumt.

Damit sind noch 98 km (72,5 %) Erdminensperren zu räumen.

Das Räumen der erdverlegten Minen, das unter den Bedingungen komplizierter Geländeverhältnisse überwiegend per Hand durchgeführt werden muß und deshalb einen längeren Zeitraum erfordert, wird im Jahre 1985 zielstrebig fortgesetzt und bis zum 31. 10. 1985 vollständig abgeschlossen.

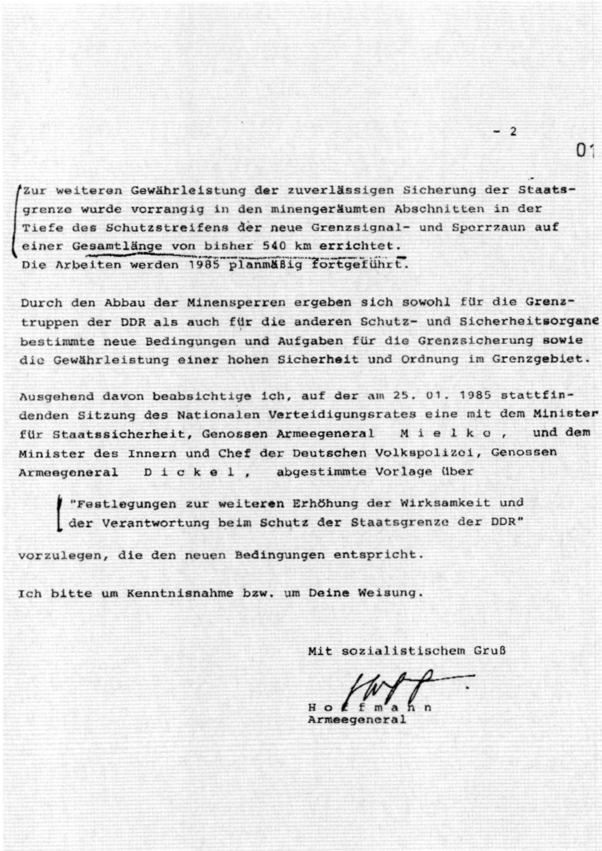

\- 2

Zur weiteren Gewährleistung der zuverlässigen Sicherung der Staatsgrenze wurde vorrangig in den minengeräumten Abschnitten in der Tiefe des Schutzstreifens der neue Grenzsignal- und Sperrzaun auf einer Gesamtlänge von bisher 540 km errichtet.
Die Arbeiten werden 1985 planmäßig fortgeführt.

Durch den Abbau der Minensperren ergeben sich sowohl für die Grenztruppen der DDR als auch für die anderen Schutz- und Sicherheitsorgane bestimmte neue Bedingungen und Aufgaben für die Grenzsicherung sowie die Gewährleistung einer hohen Sicherheit und Ordnung im Grenzgebiet.

Ausgehend davon beabsichtige ich, auf der am 25. 01. 1985 stattfindenden Sitzung des Nationalen Verteidigungsrates eine mit dem Minister für Staatssicherheit, Genossen Armeegeneral M i e l k e , und dem Minister des Innern und Chef der Deutschen Volkspolizei, Genossen Armeegeneral D i c k e l , abgestimmte Vorlage über

"Festlegungen zur weiteren Erhöhung der Wirksamkeit und der Verantwortung beim Schutz der Staatsgrenze der DDR"

vorzulegen, die den neuen Bedingungen entspricht.

Ich bitte um Kenntnisnahme bzw. um Deine Weisung.

Mit sozialistischem Gruß

H o f f m a n n
Armeegeneral

Fallbeispiel 7: Armeegeneral Heinz Hoffmann berichtet an SED-Generalsekretär Erich Honecker über den erfolgten Abbau von Minensperren an der innerdeutschen Grenze, 10.12.1984

12. Bodenminen

Die Räumung der Erdminenfelder an der innerdeutschen Grenze begann zeitgleich mit dem Abbau der SM-70, allerdings verursachte dies erheblich mehr Zeitaufwand, da sie zum Teil per Hand erfolgte. Die Arbeiten wurden daher erst im Oktober 1985 abgeschlossen. Dabei blieben manche Reste übrig, die erst nach der Einheit Deutschlands bis Mitte der 90er Jahre geräumt wurden. Die noch 1983 vorgesehene moderne Minensperre vom Typ 83 kam nicht mehr zum Einsatz.

Die letzte gängige Bodenminensperre vom Typ 66 war mit sogenannten Infanterieminen ausgestattet. Diese Sperren hatten eine Breite von 25 bis 30 m und wurden durch 1,50 bis 2 m hohe Zäune beidseitig begrenzt; sie lagen »feindwärts« vor dem Grenzzaun I. Die verschiedenen Minen des Sperrtyps 66 verursachten in der Regel »nur« Fuß- und Beinverletzungen. Wenn der so verletzte Flüchtling dann aber nicht bald gefunden und medizinisch versorgt wurde, mußte er verbluten.

Verletzungen gab es wiederholt auch bei den Pionieren der NVA bzw. der Grenztruppen, die Hunderttausende dieser Erdminen verlegen und auswechseln mußten. Ein Grenzer fand dabei sogar den Tod.

Die alten Minentypen der frühen 60er Jahre verrotteten nach einigen Jahren im Boden und verloren ihre Wirksamkeit, gelegentlich führten Naturkatastrophen

Massive Grenzsicherungsanlagen bei Hötensleben (Sachsen-Anhalt): Metallgitterzaun, Mauer, Lichtsperranlage, Schutzstreifenzaun, Hundelaufanlage, zweite Mauer.

(Hochwasser) auch dazu, daß Minen auf Bundesgebiet geschwemmt wurden.

Insgesamt haben DDR-Grenzer seit dem August 1961 über 1,3 Millionen Erdminen verlegt, durch die Tote und Verletzte zu beklagen waren.

13. Grenzsignal- und Sperrzaun 80 (GSZ 80)

Nach Abbau der Splitter- und Bodenminen an der innerdeutschen Grenze 1984/85 wurde dieser Zaun im Schutzstreifen (daher die BGS-Bezeichnung Schutzstreifenzaun) zum wichtigsten Sperrelement der DDR-Grenzsicherung. Der GSZ 80 war eine Kombination aus dem Metallgitter- bzw. Grenzzaun I (3 m Höhe) und seinem Vorgängermodell, dem GSZ 70.

Seine Höhe betrug exakt 2,40 m. Oberste Begrenzung waren Y-Abweiser, die mit einem Übersteigschutz versehen waren. Vom Y-Abweiser abwärts war 2 m Zaun vorhanden, der durchgehend mit Streckmetall bespannt war. Auf DDR-Seite (»freundwärts«) wurde der GSZ 80 mit 20 Chrom-Nickel-Drähten in Abständen von 10 bis 15 cm bespannt, die eine Signalfunktion hatten. Befestigt waren die Drähte an Plasteschellen, die auf einen Druck von etwa 4,5 kg geeicht waren. Die zwanzig Signaldrähte am GSZ 80 mit noch einmal vier Drähten am Y-förmigen Abweiser standen unter Schwachstrom, schaltbar auf 24 oder 60 Volt. War der Flüchtling bis an diesen Schutzstreifenzaun (GSZ 80) vorgedrungen und berührte er einen der Drähte, pas-

Schutzstreifenzaun bei Gladdenstedt (Sachsen-Anhalt) mit Signalhorn und Rundumleuchte (alte Version 1983) sowie mit Installationen für den »Stillen Alarm« (neue Version 1985).
Unten: Durchlaßtor am Schutzstreifenzaun (1989).

sierte nichts. Berührte er allerdings zwei oder mehrere Drähte gleichzeitig, entstand – mit dem menschlichen Körper als Brücke – ein Kurzschluß, und damit wurde in der nächsten Führungsstelle der Grenztruppen Alarm ausgelöst.

Alle 500 m gab es an diesem Zaun Kabelverzweigungen, die aus zwei weißen (hellen) Eternitgehäusen von gut 1 m Höhe bestanden: Der eine Kasten enthielt einen Transformator, der den Strom von 220 bzw. 380 Volt auf die üblicherweise verwendeten 60 Volt herunterbrachte. Das andere Gehäuse beherbergte das Grenzsignalgerät – das »Gehirn der Anlage«, das den Kurzschluß automatisch meldete. Neben dem Gerät stand oft noch ein Telefonanschluß des Grenzmeldenetzes.

Am Fuße des GSZ 80 waren Betonwabengitterplatten eingelassen, die rund 40 cm in die Erde reichten. Diese Art der Verankerung hatte zwei Aufgaben: Einmal sollte dadurch das Untergraben des Zaunes verhindert werden, zum anderen konnten Durchschlupfmöglichkeiten für Niederwild geschaffen werden. (Zum Abweisen von Hochwild war noch extra ein »Weidezaungerät« installiert worden.)

Im Gegensatz zu den früheren Grenzsignal- und Sperrzäunen der Typen 55, 70 und 74 wurde die Auslösung des Alarms vor Ort nicht mehr wahrgenommen, sondern konnte nur auf der Führungsstelle der Grenztruppen registriert werden (Stiller Alarm). Bei den früheren Zäunen waren die Grenzverletzer durch akustische und/oder optische Signalauslösung beim versuchten Grenzdurchbruch aufgeschreckt worden und hatten sich möglichst schnell zurückgezogen, was dazu führte, daß die herbeieilenden Alarmgruppen der Grenzer Probleme hatten, die Leute aufzustöbern und festzunehmen.

An besonders gefährdeten Stellen war der GSZ 80 noch mit einer Hundelaufanlage gekoppelt. Das bedeutete, daß auf der anderen Seite des Zaunes (»feindwärts«) noch einmal ein 2 m hoher Streckmetallzaun errichtet wurde, der alle 100 m durch einen quer verlaufenden Zwischenzaun in Parzellen zerlegt werden konnte. In diesen Freiräumen, zwischen den beiden Zäunen, sollten dann freilaufende Hunde Flüchtlinge anfallen.

Zäune dieser Art standen meistens direkt in der Nähe der Schutzstreifenmarkierung, also rund 300 bis 1000 m vor der Grenzlinie. Vor dem GSZ 80 verlief ein ca. 2 m breiter umgepflügter Kontrollstreifen, um mögliche Fußspuren von Grenzverletzern feststellen zu können. (Die Grenzer selbst machten ihre eigenen Spuren als solche kenntlich.)

Die Anzeigegeräte in den Führungsstellen zeigten auf etwa 300 m genau den Ort des (versuchten) Grenzdurchbruchs an. Dann setzten sich Alarmgruppen in Bewegung, um den Flüchtling abzufangen. Durch sehr hohe Fehlalarmraten aufgrund technischer Mängel oder von Wildschäden erlahmte die Aufmerksamkeit der grenzsichernden Einheiten häufig und führte zu routinemäßigem Verhalten, was in Parteiversammlungen dann heftig kritisiert wurde.

14. Metallgitterzaun/Grenzzaun I

30 bis 50 m vor der eigentlichen DDR-Grenze (Grenzlinie) verlief als letztes Sperrelement auf DDR-Seite der Metallgitterzaun (MGZ) oder Grenzzaun I (DDR-Bezeichnung), der auf der gesamten Länge der innerdeutschen Grenze installiert war. Der MGZ bestand aus vorgefertigten Metallgitterplatten, die an Betonpfählen befestigt waren. Diese Streckmetallplatten bestanden aus rhombenförmigen Gittern, wobei die einzelnen Rhomben eine Größe von nur etwa 2 cm Kantenlänge hatten. In diesen Metallrhomben fanden die Hände/Finger keinen Halt – dazu waren sie zu klein und zu scharfkantig. Die Bolzen, mit denen der Zaun zusammengehalten wurde, waren versenkt (und damit nicht abzuschrauben), die oberste Kante des 3 m hohen Zaunes war ebenfalls scharfkantig, so daß man sich oben beim Überklettern die Hände verletzte. An diesem Zaun waren bis 1984 die Selbstschußanlagen installiert.

60 cm tief in den Boden eingelassene Betonwabenplatten unterhalb des Metallgitterzaunes, die ein Untergraben verhindern sollten (oben); Niederwilddurchschlupf am vorderen Metallgitterzaun, wodurch das unbeabsichtigte Auslösen der Selbstschußanlagen verhindert werden sollte (unten). Rechts: Durchlaß am Metallgitterzaun für Grenzaufklärer.

Vor dem MGZ (»freundwärts« gesehen) befanden sich noch ein Kfz-Sperrgraben, ein Kontrollstreifen und ein Kolonnenweg. Der 6 m breite Kontrollstreifen wurde mehrmals am Tage auf Spuren untersucht, die Erde war geeggt. Der Kfz-Sperrgraben war bis zu 1,5 m tief und auf der Grenzseite mit Betonplatten befestigt, so daß man ihn vom Osten aus nicht überwinden konnte; Westfahrzeugen bot er dagegen kaum ein Hindernis.

Unmittelbar vor dem Grenzzaun I befand sich dann ein mehrere Meter breiter beräumter und begradigter Streifen.

15. Mauer/Wachtürme/Beobachtungstürme/Lichtsperren/Signalgeräte

Verlief die innerdeutsche Grenze durch (geteilte) Ortschaften oder in der Nähe bebauter Grundstücke auf DDR-Seite, errichteten die DDR-Grenztruppen eine Sichtblende in Form einer Mauer, die zuletzt vergleichbar war mit der Berliner Mauer der 3. und 4. Generation. Diese Mauer war 3,40 m hoch und gegen Grenzdurchbrüche mit Pkw und Lkw gesichert.

Die Berliner Mauer war mit Rohrauflage bis 4,20 m hoch und aus Betonplattenteilen bzw. L-förmigen Stützwandelementen gefertigt (»Grenzmauer 75«); sie verlief 1989 auf 106 km Länge in Berlin (und um Westberlin). Die Winkelwandkonstruktion aus Stahlbeton, die Mauer der 4. Generation, galt als durchbruchsicher, auch gegen schweres Gerät wie Lkw, Raupenfahrzeuge und selbst Schützenpanzer.

Während an der Grenze in Berlin die Mauer das Kennzeichen der deutschen Teilung war, waren das an der innerdeutschen Grenze die Betonbeobachtungstürme. Davon gab es 1989 mehrere hundert Exemplare: einmal die runden, älteren und pilzförmigen Türme des Typs BT-11 (11 m hoch), die bei Sturm geräumt werden mußten, da sie nicht stabil genug gebaut waren, und zum anderen die beiden neueren, eckigen Typen 2 x 2 m und 4 x 4 m, die fast alle in der Nähe des Grenzzaunes I (MGZ) standen. An der innerdeutschen Grenze gab es 1989 über 500 Beobachtungstürme am MGZ, davon 300 aus

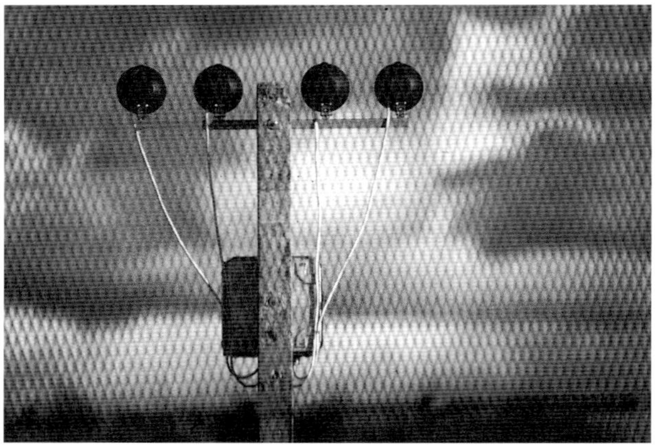

Moderne Halogenlichtanlage (1988) und mobile Scheinwerferanlage für besonders gefährdete Grenzabschnitte (1986).

Beton und weitere 50 am vorgelagerten Schutzstreifenzaun (GSZ 80). Ferner existierten noch 155 kleinere Beobachtungsstände aus Holz und Stahl.

In Berlin waren 1989 rund 300 Beobachtungstürme vorhanden, davon einige – insbesondere am Brandenburger Tor – mit verspiegeltem, nicht einsehbarem Fensterglas.

Nachts war nahezu die gesamte Länge der Grenze zu Westberlin auf DDR-Seite taghell angestrahlt. An besonders gefährdeten Stellen der innerdeutschen Grenze und in der Höhe von Ortschaften gab es diese »Festbeleuchtung« auch: Sogenannte Lichtsperren waren 1989 auf 230 km Länge vorhanden, dazu kamen noch einmal 70 km Halogenstrahler-Sperren. Hinter dem Schutzstrei-

Grenzabschnitt bei Gladdenstedt (Sachsen-Anhalt) bei Tag und bei Nacht.

fenzaun mußte der Flüchtling zudem mit Stolperdrähten bzw. Signaldrähten rechnen, die Leuchtraketen verschossen (oder Platzpatronen auslösten) und so die Grenzer optisch oder akustisch alarmierten. Diese Anlagen waren mobil und konnten jederzeit an besonders fluchtanfälligen Stellen ausgelegt werden.

Auch alle GÜST waren in der Regel derartig ausgeleuchtet (einschließlich des Umlandes) und dadurch nachts schon von vielen Kilometern Entfernung deutlich auszumachen. Und an den Ein- und Ausfahrten standen größere Beobachtungstürme, die den Blick über das gesamte Gelände garantierten.

Hunderte von Erdbunkern und Unterständen schließlich komplettierten die DDR-Grenzanlagen an der innerdeutschen Grenze und in Berlin.

16. Grenzschiffe und -boote sowie Grenzflieger

Die 6. Grenzbrigade Küste (GBK), operativ dem Kommando der Volksmarine in Rostock-Gehlsdorf unterstellt, besorgte mit drei Grenzschiffsabteilungen mit je sechs Minensuch- und Räumschiffen (MSR) sowie zwei Grenzbootsgruppen mit zehn Grenzbooten und -kuttern die Sicherung der DDR-Seegrenze, unterstützt von Landeinheiten, von Grenzkompanien und Küstenbeobachtungskräften, die vor allem in Sommernächten durch Beleuchtung des Strandes unangenehm auffielen.

Die Grenzbrigade Küste umfaßte in den 80er Jahren acht Grenzkompanien zu je 80 Mann und zwölf technische Beobachtungskompanien mit 24 Grenzern; das System der landseitigen Grenzsicherung zählte also knapp 1.000 Angehörige. Diese wurden unterstützt von über 600 freiwilligen Helfern der Grenztruppen. Die seeseitige Sicherung konnte über rund 800 Grenzer verfügen, die zumeist abgefahrene Fahrzeuge der Volksmarine nutzten. Diese Einheiten verließen in den Abendstunden die Häfen und versuchten nachts, mögliche Grenzdurchbrüche über See zu verhindern.

Mehrere tausend Menschen wagten zu DDR-Zeiten die Flucht über die Ostsee in den Westen – die meisten wurden jedoch schon an der Küste festgenommen. Einige Hundert sind vermutlich bei Fluchtversuchen auch ertrunken.[77]

In den Berliner Gewässern und auf der Elbe (Dömitz) gab es bis 1989/90 ebenfalls »Grenzer in Blau«: die Bootsgruppen der Grenztruppen, die Marineuniformen trugen. Ausgestattet waren diese Formationen mit Booten unterschiedlicher Typen:

- dem Grenzsicherungsboot Typ 12 (7,8 ts, L: 11,80 m, Geschwindigkeit: 25 km/h),
- dem Grenzboot Typ 066 (4 ts, L: 9,65 m, Geschwindigkeit: 60 km/h),
- dem Grenzboot Typ 075 (4,1 ts, L: 9,75 m, Geschwindigkeit: 50 km/h).

Die Boote waren jeweils mit drei Mann besetzt, die speziell auf das Erkennen von Fluchtversuchen in Gewässern trainiert worden waren.

Nur selten und dann nur auf Weisung des Chefs der Grenztruppen kamen an der innerdeutschen Grenze Hubschrauber zum Einsatz: leichte Mehrzweckhubschrauber des Typs Mi-2 und mittlere Transporthubschrauber des Typs Mi-8, die in den 80er Jahren zum Bestand gehörten. Die Piloten dieser Hubschrauberstaffel, die im thüringischen Nordhausen (mit Plätzen in Meiningen und Salzwedel) stationiert war, bezeichneten sich selbst als Grenzflieger. Es waren, wie überall

Flußsperre der Dumme bei Grabenstedt, westlich von Salzwedel.

Beamter des Bundesgrenzschutzes am Priwall/Ostsee in der Nähe von Travemünde.

DDR-Minenräumschiff bei der Küstenbewachung auf der Ostsee (oben); Grenzboot auf der Elbe bei Lütkenwisch (Mecklenburg).

in den fliegenden Verbänden, Offiziere, die die Fliegeruniform der DDR-Luftstreitkräfte trugen und dazu den Ärmelstreifen mit der Aufschrift »Grenztruppen der DDR«.

17. Grenzhunde

Als letztes Element des DDR-Grenzsicherungssystems sind die rund 3.000 Hunde, in der Regel Schäferhunde, zu nennen, die vor allem an der Grenze zu Westberlin eingesetzt wurden – als Fährten- und Schutzhunde genauso wie als Wachhunde am Grenzstreifen selbst. Die Wachhunde wurden zum einen freilaufend in einem Gehege parallel zum Grenzsignalzaun gehalten. Grenzverletzer, die den GSZ 80 überwinden konnten, gerieten dann an einen solchen Hund, der oft recht scharf war und darauf abgerichtet, Fremde anzufallen. Die in diese Gehege eingesperrten Hunde ernährte man deshalb nur knapp. Ebenso erging es den Grenzhunden in Laufanlagen von 50 bis 300 m Länge, die in schwer einsehbaren Grenzabschnitten in unmittelbarer Nähe des Grenzzaunes I angelegt waren.

Die Versorgung der Hunde oblag der jeweiligen Grenzkompanie; an heißen Sommertagen und in harten Wintern war sie jedoch oft unzureichend.

Mit der Wende wurden die Hunde, genau wie die Grenzer, arbeitslos. Tierfreunde in Ost und West bemühten sich jahrelang, diese zum Teil charakterlich deformierten und beschädigten Hunde in gute Hände zu vermitteln.

Hundelaufanlage bei Gladdenstedt (Sachsen-Anhalt) und Großensee (Thüringen), 1985.

Das Leben der Grenzbevölkerung in Ost und West

In Berlin und an der innerdeutschen Grenze hat man die deutsche Teilung immer als unnatürlich empfunden, und zwar auf beiden Seiten. Sektorengrenze wie innerdeutsche Demarkationslinie waren willkürliche Grenzziehungen und widernatürliche Trennlinien, ursprünglich nur als Verwaltungsgrenzen zwischen Besatzungszonen im Westen und Osten gedacht. Infolge des Kalten Krieges sind dann jedoch Regionen und Landschaften entlang der alten Landes- und Provinzgrenzen auseinandergerissen worden, obwohl sie ihrer kulturellen und natürlichen Prägung nach zusammengehörten, zum Beispiel die Rhön, der Harz, das Grabfeld und das Eichsfeld.

Auch Ortschaften wurden zertrennt: Im niedersächsischen Grenzbereich gehörten dazu die Dörfer Zicherie und Böckwitz nordöstlich von Wolfsburg, die 1945 verschiedenen preußischen Provinzen – Hannover und Sachsen-Anhalt – angehörten, wegen ihrer unmittelbaren Nachbarschaft aber beispielsweise eine gemeinsame Schule und Molkerei unterhielten. In der Nähe von Hof an der Saale wurde das Dorf Mödlareuth sogar mittendurch geteilt, weil die eine Hälfte zu Thüringen, die andere zu Bayern gehörte.

Die Zonengrenze ging auch durch kirchliche Verwaltungsbezirke, in erster Linie bei der katholischen Kirche: Der größte Teil Mecklenburgs gehörte kirchenrechtlich zum Bistum Osnabrück, das Gebiet von Sachsen-Anhalt zum Erzbistum Paderborn, Thüringen zu Fulda, ein Grenzstreifen um Meiningen zum Bistum Würzburg und sechs Pfarreien im Bereich der DDR zum Bistum Hildesheim.[78] Bei der Evangelischen Kirche waren zum Beispiel die Kirchengemeinden Ratzeburg und Ziethen (Schleswig-Holstein) kirchenrechtlich Teil der Evangelisch-Lutherischen Kirche Mecklenburgs mit Sitz in Schwerin.

Die Grenzbevölkerung war besonders hart von den Absperrmaßnahmen betroffen, denn die alten Landes- und Provinzgrenzen hatten ihr Alltagsleben bislang kaum beeinträchtigt. Nunmehr trennte die Zonengrenze – zumindest ab Mai 1952 – Verwandte und Freunde, schnitt Arbeitnehmer von den Arbeitsplätzen ab, zu denen sie zuvor jahrelang gependelt waren, entzog vielen Bürgern ihre traditionellen Einkaufsorte. Bauern zu beiden Seiten der Grenze büßten ihre Äcker und Weiden ein, Gewerbebetriebe ihre Absatzmärkte, Gemeinden ihre Verkehrs- und Versorgungsanschlüsse. Städte wie Lübeck und Hof fanden sich in einer Rand- oder Sackgassenlage wieder; der früher starke Durchgangsverkehr kam zum Erliegen.

Kaum eine deutsche Landschaft litt jedoch so stark unter der Grenzziehung wie das Eichsfeld: Etwa 30 Ortschaften mit rund 4.000 Einwohnern und dem Zentrum Duderstadt gehörten zur Westzone (zur Britischen Zone bzw. zu Niedersachsen) und damit zur Bundesrepublik, 130 Orte mit 130.000 Einwohnern und dem Mittelpunkt Heiligenstadt waren Teil der Sowjetischen Zone, Thüringens bzw. des Bezirkes Erfurt der DDR. Die Trennung des Eichsfeldes, das sich vom Harzvorland im Nordosten bis zur Werra im Südosten, vom südlichen Niedersachsen bis kurz vor Mühlhausen in Thüringen im Süden erstreckt, wurde vor allem auch deshalb als außergewöhnlich hart empfunden, weil die Grenze eine in sich geschlossene und überwiegend von einer katholischen Bevölkerung bewohnte Kulturlandschaft zerschnitt. Hier lebten bis zur deutschen Einheit 1990 noch Brüder und Schwestern zu beiden

Seiten der Grenze. Darüber hinaus gab es vielfältige private und kirchliche Kontakte, z.B. gemeinsame Wallfahrten.

Zwar hatte die Grenzbevölkerung im Westen ab 1973 die Möglichkeit, im Rahmen des grenznahen Reise- und Besucherverkehrs auch in die Grenzkreise der DDR und damit auch des Eichsfeldes zu fahren, doch blieb das unmittelbare Grenzgebiet gesperrt. Da aber nahezu jedes zweite Eichsfelddorf in der DDR in der bis zu 5 km breiten Grenzsperrzone lag, mußten Treffen von West-Eichsfeldern mit Verwandten östlich der Grenze außerhalb des eigentlichen Heimatgebietes stattfinden. Immerhin war seit dem 21. Juni 1973 zwischen Duderstadt und Worbis ein neuer Grenzübergang geöffnet worden, der den Eichsfeldern die Anreise erleichterte. Der über all die Jahre gehaltene enge Kontakt der Eichsfelder untereinander, unabhängig von der Grenze, hat dann auch dazu geführt, daß sich die Bewohner der Region im Jahre 1990 besonders stark für eine schnelle Vereinigung eingesetzt haben und hier die Folgen der aufgezwungenen Teilung am ehesten überwunden wurden.

Ähnlich wie den Eichsfeldern erging es denjenigen, deren Ortschaften/Dörfer geteilt worden waren. Dazu gehörte, wie bereits erwähnt, das Dorf Mödlareuth im Landkreis Hof. In den 80er Jahren verlief mitten durch den Ort eine 700 Meter lange Betonmauer, ansonsten ein Metallgitterzaun mit Lichtsperren. Ein Beobachtungsturm stand direkt an der Grenze; Touristen sprachen deshalb auch gelegentlich von Klein-Berlin. Die Bürger, die ihr Dorf noch ohne Staatsgrenze kannten, haben jahrzehntelang unter dem Anblick von Mauer und Zäunen gelitten. Bis zum Abbau der SM-70-Selbstschußanlagen schreckten wiederholt (Fehl)Detonationen die Bewohner auf, die nachts zumeist von Tieren ausgelöst wurden.

Der Bundesgrenzschutz informiert

Grenzverlauf zur DDR beachten

Besucher des Grenzgebietes sind großen Gefahren ausgesetzt, wenn sie aus Unkenntnis oder Leichtsinn den Grenzverlauf nicht beachten.

Häufig geschieht dies aufgrund der irrigen Annahme, das Gelände zwischen Grenzverlauf und Grenzsperranlagen der DDR sei Niemandsland.

An der Grenze zur DDR gibt es k e i n N I E M A N D S L A N D !!

Der Bundesgrenzschutz und der Grenzzolldienst weisen deshalb eindringlich auf folgendes hin:

1. Die **DDR-Grenzsperranlagen**, insbesondere der Metallgitterzaun, bilden nicht die Grenze zur DDR. Die Anlagen stehen vielmehr in unterschiedlicher Entfernung jenseits der Grenze **auf dem Gebiet der DDR.**

2. Der genaue Grenzverlauf ist gekennzeichnet durch Grenzmarkierungen. Zusätzlich weisen die vom Bundesgrenzschutz aufgestellten Hinweistafeln: „Halt! Hier Grenze" auf den Verlauf der Grenze hin.

3. Jeder, der sich im Gebiet unmittelbar an der Grenze zur DDR aufhält, sollte sich deshalb sorgfältig vergewissern, wo die Grenze zur DDR genau verläuft, um sich oder andere nicht in gefährliche Situationen zu bringen.

4. Es wird empfohlen, im Grenzgebiet nur **befestigte Straßen und Wege** zu benutzen. Hier ist der Grenzverlauf besonders gut zu erkennen. Die Grenzsperranlagen der DDR sind von zahlreichen, gesicherten Übersichtspunkten aus gut einsehbar. Fragen Sie die Beamten des Bundesgrenzschutzes, des Grenzzolldienstes oder andere ortskundige Personen nach diesen Punkten.

5. Auf dem Gebiet der DDR gelten andere Gesetzesvorschriften als in der Bundesrepublik Deutschland. Es ist bekannt, daß die Grenzorgane der DDR bei der Überwachung der Grenze zu größter Schärfe angehalten sind. Wer die Grenze entgegen allen Warnungen überschreitet – wenn auch unabsichtlich oder ganz geringfügig –, begibt sich in Gefahr.

bitte wenden

Handzettel der bundesdeutschen Grenzinformationsstellen.

Die DDR-Grenzverantwortlichen hatten bereits 1952 damit begonnen, einen 2 m hohen Bretterzaun durch den Ort zu ziehen, der 1958 durch einen zweireihigen Stacheldrahtzaun ersetzt wurde. 1962 erfolgte dann der Bau von zwei weiteren Zäunen. Im Ostteil des Dorfes war die Einwohnerzahl durch Zwangsaussiedlungen inzwischen von ursprünglich 150 auf zwanzig Personen gesunken. 1965 entstand im Dorf eine Absperrung aus Betonplatten und Holzwänden; nach 1966 errichteten die Grenztruppen eine richtige Betonmauer. Auch die Westbewohner zogen bis 1989/90 aus dem geteilten Dorf »am Ende der Welt« weg in andere Orte;[79] die Verbliebenen fühlten sich abgeschrieben oder kamen sich vor »wie in einem Zoo«.

Die Nachteile aus der abseitigen Lage versuchten die Bundes- und Landesbehörden durch allerlei Förderungsmaßnahmen ein wenig auszugleichen. Von allen großen

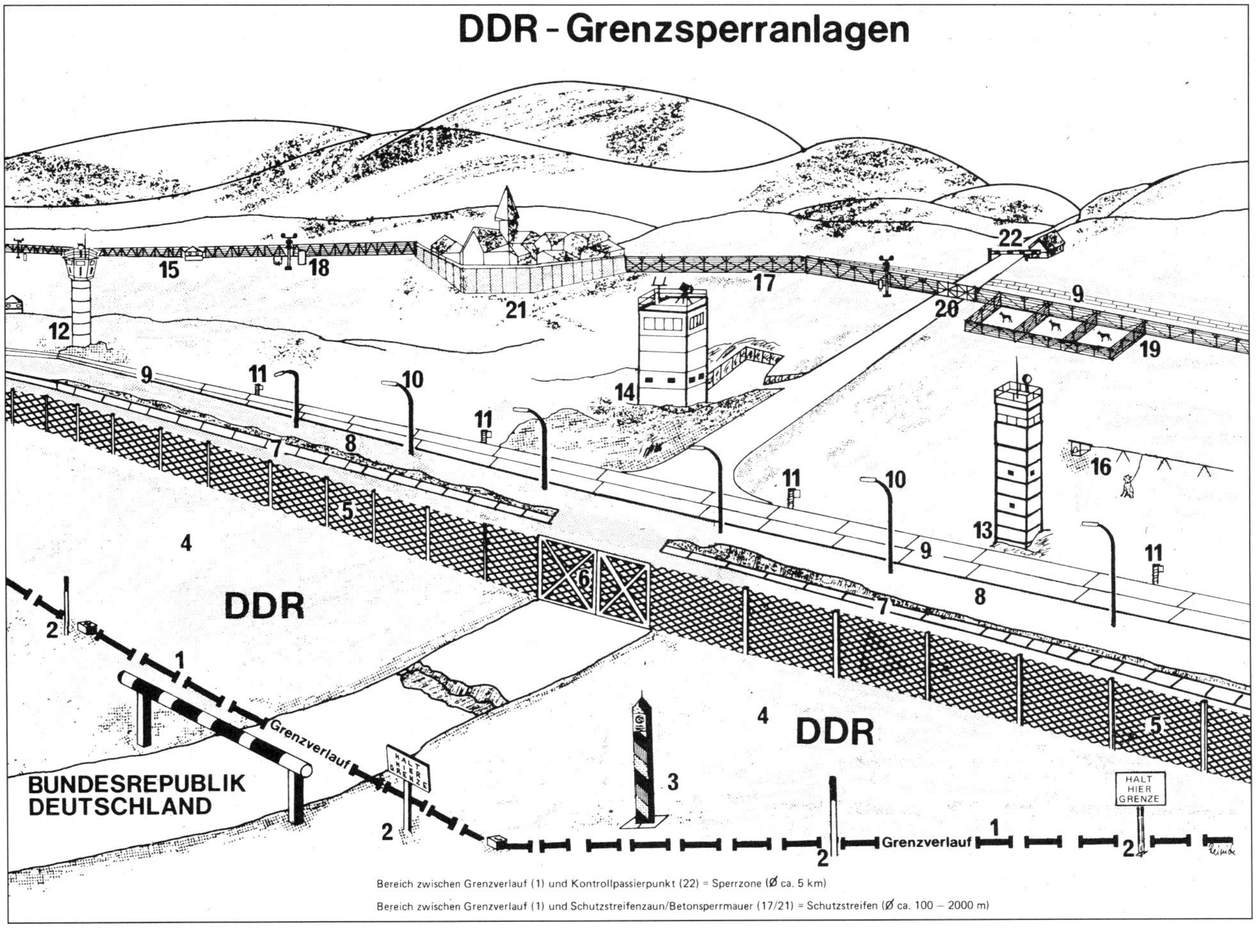

Schematische Darstellung der DDR-Grenzanlagen in Informationsmaterialien des Bundesgrenzschutzes aus den achtziger Jahren.

Parteien wurde der provisorische Charakter der innerdeutschen Grenze immer wieder betont und die Hoffnung verbreitet, daß diese Grenze durch Deutschland nicht die letzte Antwort der Geschichte sei. Schon am 3. April 1954 erkannte man die Gegend an der Zonengrenze als »notleidendes Gebiet« an – dazu gehörten insgesamt 106 Stadt- und Landkreise, von denen 29 Landkreise (mit acht kreisfreien Städten) unmittelbar an der Demarkationslinie lagen bzw. an diese grenzten.

Auf den Gebieten Landwirtschaft, Handwerk und Gewerbe sowie bei der Infrastruktur (Verkehrsverbindungen) gewährten Bund und Länder steuerfreie Vergünstigungen. Theater, Chöre, Orchester, Festhallen, Tagungsstätten, Büchereien und Erwachsenenbildungsstätten erhielten in erheblichem Umfang dauerhaft Bundeszuschüsse zu Bau und Unterhalt ihrer Einrichtungen, desgleichen bekamen Schulen Baukostenhilfen. Bund und Länder strebten wenigstens auf kulturellem Gebiet Zustände an, die denen im übrigen Bundesgebiet entsprachen.

Trotzdem wanderten in den 50er und 60er Jahren viele Zonengrenzbewohner ab. Die Region entwickelte sich zunehmend zum Notstandsgebiet ohne Arbeitsplätze und moderne Verkehrsverbindungen.

Um der Grenzbevölkerung dennoch langfristig eine Perspektive bis zur Wiedervereinigung zu geben (an

Die sogenannte Zwei-Länder-Eiche an der Deutschen Märchenstraße im Eichsfeld; die Grenze verlief mitten durch den Baum, eine Stammhälfte gehörte zur DDR, die andere zur Bundesrepublik.

Gesperrter Weg nach Campow (Mecklenburg) am Ratzeburger See, 1986.

die viele damals schon nicht mehr glaubten, die manche auch nicht mehr wollten), erging schließlich das Zonenrandförderungsgesetz vom 5. August 1971, das erst Ende 1996 endgültig ausgelaufen ist. In der Förderungspräferenz lag das Zonenrandgebiet jetzt – und dazu zählte ein rund 40 km breiter Streifen von Flensburg bis Passau – zwar hinter Westberlin, aber dafür vor allen anderen Gebieten der alten BRD. Der einsetzende gezielte und besonders geförderte Ausbau der Bundesverkehrswege zum und im Zonengrenzgebiet ließ manchen die häufig weiten Entfernungen zu den wichtigsten Industrie- und Handelszentren leichter ertragen. Außerdem sollten dadurch Wirtschaft, Gewerbe und Menschen motiviert werden, ins Zonengrenzland zu ziehen bzw. dort zu bleiben und zu expandieren. In den landschaftlich oft reizvollen Gegenden an der Grenze entstanden mit der Zeit zahlreiche Kur- und Ferienzentren, auch der Bau von privaten Wohnungen und Häusern kam voran. Unter anderem bauten sich hier aufgrund der attraktiven Förderung viele Westberliner Ferienwohnungen. Alles in allem konnte das Zonenrandgebiet, das mit knapp 49.000 qkm etwa 20 % der Fläche der Bundesrepublik und mit 7,2 Millionen Einwohnern etwa 12 % der Bevölkerung umfaßte, den Anschluß an das Lebensniveau im übrigen Bundesgebiet finden.[80]

Die Förderungsmaßnahmen des Bundes und der Länder blieben seinerzeit jedoch nicht ohne Kritik.

Rastplatz in Hessen an der Grenze zu Großensee (Thüringen).

Grenzinformationstafel am Mechower See (Mecklenburg).

Ökonomen bemängelten zum Beispiel den überdimensionierten Straßenbau. Historiker stellten nach Wiederherstellung der deutschen Einheit fest: »Letztlich stellten die hohen Investitionen in das Straßennetz des Bundes und der ›Zonengrenzländer‹ eine infrastrukturelle Zukunftsinvestition dar, deren Wirkung als Motor wirtschaftlicher und sozialer Entwicklung überschätzt wurde. Die Wirtschaftsförderung wirkte sich zumindest teilweise strukturkonservierend aus, wodurch sich der Strukturwandel verzögerte und die Abhängigkeit des Grenzgebietes von Erhaltungssubventionen weiter erhöhte. Die Stabilisierung des Arbeitsmarktes wurde mit einer Dauersubventionierung und einem geringeren langfristigen Wirtschaftswachstum erkauft. Längerfristig zahlte sich die Zonenrandgebietsförderung in der volkswirtschaftlichen Gesamtrechnung jedoch aus. Die eingesetzten Fördermittel erbrachten zwar eine ungünstigere Kosten-Nutzen-Relation und eine niedrigere Steigerung des Wirtschaftswachstums, doch wurden die sozialen Kosten von Arbeitslosigkeit, beruflicher Zwangsmobilität, wirtschaftlicher Konzentration und Überfüllung von Ballungsräumen vermindert.«[81]

Auch die Verkehrspolitik im Zonengrenzgebiet stellte sich nach dem 9. November 1989 als sinnvoll heraus: Ein Verkehrszusammerbruch auf bundesdeutscher Seite blieb weitgehend aus, und die »Überinvestitionen der Vergangenheit« erwiesen sich ex post als »sinnvolle Zukunftsinvestition«.[82] Diese erleichterten nach der Einheit einigen Firmen die Entscheidung, sich im Ostteil des ehemaligen deutsch-deutschen Grenzgebietes niederzulassen – eine Entscheidung, die zusätzlich durch zeitweise hohe Förderungspräferenzen der neuen Bundesländer begünstigt wurde.

Die Lebensbedingungen im westdeutschen Zonenrandgebiet wurden jedoch nicht immer als ungünstig empfunden. Es gab auch Menschen, die es in die abgelegenen Regionen an der innerdeutschen Grenze zog – vor allem Städter, Alternative und Aussteiger. Die Ruhe des Gebietes, die geringe Industrialisierung und günstige Baulandpreise bzw. Mieten lockten Menschen an, die sich nach einer intakten Umwelt sehnten. Gerade im grenznahen Raum hatte die Natur eine Chance, sich so zu entwickeln, wie es anderswo wegen des »Landschaftsverbrauchs« aus wirtschaftlichen Gründen schon lange nicht mehr möglich war. Hier, an der Grenze zur DDR, konnte man in aller Stille in unberührter Natur seltene Tiere und Pflanzen beobachten.

Diese Idylle für die Pflanzen- und Tierwelt war auch auf DDR-Seite anzutreffen, zum Teil sogar noch ausgeprägter, da bestimmte Gebiete überhaupt nicht betreten werden durften und jeder wirtschaftlichen Nut-

Grenzfluß Wakenitz nördlich von Ratzeburg, 1985.

zung entzogen waren. So existierten an den Seen an der Grenze zu Schleswig-Holstein Biotope unberührter Natur. Und im Grenzstreifen fand man Pflanzen und Gräser, die es ansonsten kaum noch gab.

Das DDR-Grenzgebiet an der innerdeutschen Grenze umfaßte in den 80er Jahren etwa 300 Ortschaften mit gut 200.000 Einwohnern (1,2 % der Bevölkerung der DDR). Die Verantwortlichen haben seine bewohnten Teile im Laufe der Jahre mehrmals verkleinert, zuletzt 1972/73. Die Grenzbevölkerung auf der Ostseite der innerdeutschen Demarkationslinie hat die Ruhe und Stille der Natur im Sperrgebiet kaum genießen können; sie war dauerhafter Kontrolle und Überwachung ausgesetzt. Das DDR-Grenzgesetz von 1982 und seine Folgebestimmungen schränkten die Lebensqualität erheblich ein. Nahezu jede Handlung im Grenzgebiet war genehmigungsbedürftig, zumindest außerhalb der Wohnung bzw. des Hauses. Um- und Ausbauten von privaten Gebäuden mußten erlaubt werden, alle Veranstaltungen waren anzumelden, Verwandte aus der übrigen DDR konnten nur nach einer umständlichen Prozedur mit Genehmigung zu Besuch kommen.

An der DDR-Küste durften in der obligatorischen Grenzzone (bis 5 km tief) Zimmer an Gäste nur mit staatlicher Erlaubnis und bei genauer polizeilicher Anmeldung vermietet werden. Am Strand konnten Luftmatratzen nur tagsüber benutzt werden (bis auf 150 m Entfernung vom Strand). Sportbootverkehr war allenfalls in den inneren DDR-Seegewässern – mit Sondergenehmigung – erlaubt. Tauchsport verbot man generell

Unterbrochene Verbindung über die Werra des DDR-Grenzdorfes Lindewerra (Thüringen).

an der Küste; selbst Sportangler hatten Probleme, ihr Gerät auszubringen. Es wimmelte von Ge- und Verboten.

Im Gegensatz dazu konnte sich die Bevölkerung im Westen bis an die unmittelbare Grenzlinie heran frei bewegen. Irgendwelche Auflagen existierten nicht. Manche Altbundesbürger verletzten nach DDR-Ansicht die Staatsgrenze, wenn sie den tatsächlichen Grenzverlauf nicht erkannten und sich unbeabsichtigt auf DDR-Gebiet begaben, das ja schon ein Stück vor dem Grenzzaun I begann. Grenzverletzungen durch Bundesbürger an der innerdeutschen Grenze, in Berlin und auf See ergaben sich auch dann, wenn Sportflieger und Sportschiffer versehentlich den Luft- oder Seeraum der DDR berührten, Jugendliche, Kinder oder Betrunkene Mauer und DDR-Grenzbefestigungen beschädigten oder das DDR-Grenzgebiet illegal betraten – mitunter durchaus auch in provokativer Absicht. Die DDR-Offiziellen bewerteten diese »Besonderen Vorkommnisse« an ihrer Grenze stets als ernste Verletzungen ihrer Souveränität und protestierten dagegen sofort.

Im grenznahen Raum patrouillierten rund um die Uhr Kräfte des Bundesgrenzschutzes, des Zollgrenzdienstes und der Bayerischen Grenzpolizei, ab und an auch alliierte Soldaten (vor allem die Amerikaner an der hessisch-thüringischen Grenze). Sie hatten dafür zu sorgen, daß es nicht zu Beeinträchtigungen durch DDR-Organe an der Grenze kam, etwa durch Grenzverlaufsänderungen. Seit dem Grundlagenvertrag von 1972 war auch eine sehr begrenzte Kommunikation über die Grenze hinweg möglich: An den vierzehn Grenzübergangsstellen zur DDR bestanden ständige Telefonver-

Schafherde vor dem Metallgitterzaun auf dem Elbdeich bei Darchau (DDR-Bezirk Schwerin, heute Niedersachsen)

bindungen zum Osten, die täglich auf ihre Funktion zu überprüfen waren und dazu dienen sollten, sich zum Beispiel bei Katastrophen gegenseitig zu informieren.

Die westdeutschen Grenzschutzkräfte hatten auch darauf zu achten, daß sich Bundesbürger an der Grenze zur DDR nicht in Gefahr begaben; der BGS informierte in Handzetteln über den Grenzverlauf, begleitete Besuchergruppen an die Grenze (zum Ärger der DDR-Grenztruppenführung) und half im Grenzinformationsdienst. Dieser wurde beispielsweise in Niedersachsen durch das Ministerium für Bundesangelegenheiten in Hannover geleitet und bestand aus Bildungseinrichtungen, Grenzinformationszentren, Aussichtsplattformen und Übersichtspunkten mit rund 400 ehrenamtlichen Betreuern und Referenten, die zum Teil auch der BGS und der Zollgrenzdienst stellte. Fahrten an die innerdeutsche Grenze wurden finanziell vom Bund und den Ländern gefördert. Die Besuche an der Grenze kommentierte die Partei- und Staatsführung der SED/DDR stets unfreundlich, die DDR-Grenztruppenführung sah darin sogar eine Provokation.

Für das Gaststätten- und Fremdenverkehrsgewerbe im grenznahen Raum waren diese Besuche immer ein Gewinn; die Grenzbevölkerung sah das manchmal anders. Ohne Zweifel: Die Grenze zur DDR war bis 1989 auch eine touristische Attraktion.

Grenzschutz und Grenzinformationsaktivitäten garantierten nicht zuletzt Arbeitsplätze in der strukturschwachen Region, die nach Vollzug der deutschen Einheit wegfielen. Jüngere Beamte von BGS und Zoll wurden in andere Teile Deutschlands versetzt, ein Teil der Belegschaft der westdeutschen Grenzschutzor-

Grenzverlauf durch einen Ameisenhaufen im Gatower Forst, westlich von Wittenberge.

gane konnte sozialverträglich abgebaut werden. Anders im Osten: Viele DDR-Grenzer fielen ins berufliche Nichts, nur die älteren konnten hinlänglich »abgewikkelt« werden. DDR-Grenzer, sofern Berufssoldaten, waren bis 1989 von ihrer Führung dazu angehalten worden, sich im Grenzgebiet niederzulassen und eine Familie zu gründen. Wohnraum gab es bevorzugt. In ihren Grenzorten sollten sie engen Kontakt zur Grenzbevölkerung halten. Hunderte von ihnen ließen sich auch in die örtlichen Volksvertretungen wählen, viele Berufssoldaten und ihre Ehefrauen betätigten sich in allerlei ehrenamtlichen Funktionen in Partei- und Massenorganisationen. Die SED betonte bei jeder Gelegenheit die enge Verbundenheit von Grenzbevölkerung und Grenzsoldaten.

Partei- und Staatsorgane kontrollierten vor Ort ohne Unterbrechung die Grenzbevölkerung. Man war bemüht, in die Grenzkreise nur besonders befähigte, zuverlässige Genossen zu delegieren. Die Kaderabteilungen aller Dienststellen und Betriebe im DDR-Grenzgebiet hielt man an, Mitarbeiter auf ihre politische und fachliche Qualität einzuschätzen: Unzuverlässige Leute konnten jederzeit ins Innere der DDR ausgesiedelt werden. Wohnraum und Neubauten im Grenzgebiet stellte man bevorzugt aktiven und ehemaligen Grenzern zur Verfügung.

Niemand in der Partei- und Staatsführung von SED/DDR war offenbar daran interessiert, die Infrastruktur des Grenzgebiets zu verbessern. Im Gegenteil: Viele öffentliche Bauten verkamen, Betriebe wurden verkleinert oder abgebaut und verlegt, Straßen und Eisenbahnlinien nicht erneuert und kulturelle Einrichtungen reduziert. Als Entschädigung dafür gewährte man der DDR-Grenzbevölkerung Zuschläge zu Lohn/Gehalt sowie kleinere Rentenaufbesserungen. Zugleich versuchte die SED-Führung den Eindruck zu vermitteln, als wäre das Wohnen im Grenzgebiet eine Art Auszeichnung, die man sich stets neu verdienen müßte.

Die Mehrheit der Grenzbevölkerung in der DDR litt unter den restriktiven Vorschriften, die den Alltag erschwerten; der »tägliche Ausnahmezustand« war eine Belastung. Im allgemeinen ist man heute froh, diese Zeit hinter sich zu haben. Nostalgische Gefühle mögen zwar gelegentlich wegen des ehemals weit geringeren Autoverkehrs aufkommen – die ursprüngliche Ruhe ist vorbei, doch nutzen die Bürger jetzt die Vorzüge, die die Nähe zum Westen bietet. Als Pendler arbeiten sie in Betrieben im alten Bundesgebiet, verdienen deshalb in der Regel besser als diejenigen, die in den neuen Ländern ihren Arbeitsplatz haben.

An dieser Stelle befand sich das ehemalige Grenzdorf Neuhof (Mecklenburg), das im Zuge der Ausweitung des Sperrgebietes wie viele andere abgerissen wurde.

Informationstafel über das geteilte Doppeldorf Böckwitz – Zicherie (Sachsen-Anhalt – Niedersachsen), 1984.

Seit 1990 existiert die Demarkationslinie, die Zonengrenze, die innerdeutsche Grenze, die Staatsgrenze zwischen BRD und DDR nicht mehr. Aus den ehemaligen Zonenrandgebieten, die bis dahin weitgehend Territorien strukturschwacher und ländlich-peripherer Art waren, werden Landstriche in einer Mittellage, die einen Wiederaufschwung älterer Verkehrs- und Handelsbeziehungen erwarten lassen. Vormaliges und gegeneinander hermetisch abgeschottetes deutsch-deutsches Grenzland wird jetzt zum Schnittpunkt einer politischen Kultur, die sich äußerlich als gesamtdeutsch darstellt, innerlich aber teilweise noch gespalten ist.

Politikwissenschaftler gehen davon aus, daß die jahrzehntelange Teilung hüben und drüben sozio-kulturelle Spuren »eingedrückt« haben, die das äußere Einebnen der Demarkationslinie überdauert haben.[83] Es wird somit wohl noch einige Zeit vergehen müssen, bis sich auch die inneren Prägungen einander wieder angenähert haben .

Wächst ein Baum mitten im Tod
Erkundungen an der innerdeutschen Grenze

Von Ulrich Schacht [84]

Ein Wintermorgen, wie man ihn sich kaum schöner vorstellen kann: Noch sind die knapp über 700 Meter hohen Berge der Rhön um das kleine Städtchen Tann zwar nicht unter Schneemassen versunken, aber über Nacht hat eine dicke Reifschicht alles – soweit das Auge reicht – verwandelt: die spätherbstliche Tristesse ist hier auf einen Schlag vorbei. Unzählige feine Kristalle haben Bäumen und Zäunen, Feldern und Wiesen, Sträuchern und Gräsern, Häusern und Autos ein filigranes Gewand übergeworfen, das irgendwo am Horizont aufsteigt in die starr schimmernde Pracht eines Himmels, der alles überwölbt und eine fast weiße Sonne umschließt, die keine scharfen Konturen mehr hat, nicht mehr wärmt, sondern nur noch fasziniert.

Wir schreiben Freitag, den 13. Dezember 1985. Es ist neun Uhr morgens. Der fünfte Tag einer Reise hat begonnen, die dem Fotografen Jürgen Ritter und mir fast Stunde um Stunde landschaftliche Idyllen solcher Art beschert – Refugien zwischen dem böhmisch- bayerisch-sächsischen Dreiländereck bei Hinterprex am Zinn-Bach und jenem nördlicheren Dreiländereck bei Eichenberg, wo die deutschen Provinzen Hessen, Niedersachsen und Sachsen-Anhalt zusammenstoßen. Acht Tage lang haben wir uns dem Sog dieser schönen Naturwinkel hingegeben, aber acht Tage lang in dem Wissen, daß alle Nähe zu diesen Idyllen zum Schluß nur eines offenbaren würde: den tödlichen Schnitt, der sie entstellt wie eine breite Narbe ein liebliches Gesicht.

Wir sind den toten Winkeln Deutschlands nicht ausgewichen wie zahllose Hochglanzprospekte, die die Kurorte dicht an der innerdeutschen Grenze zu reinen Harmonieregionen hochstilisieren.

Wir haben sie gesucht – nicht verbissen, aber unbeirrt; nicht um der billigen Provokation willen, aber in der Gewißheit, daß es eine notwendige Trauerarbeit ist, den tödlichen Schnitt durch Deutschland wieder und wieder ins Auge zu fassen, ihn nachzuzeichnen und festzuhalten in Wort und Bild und so etwas ins eigene Bewußt-Sein zu zwingen, das nur wenige Kilometer weiter verlorengeht in der Farbigkeit der Städte, in der Abstraktion der politischen Analyse, in der Interpretation des opportunistischen Kommentars. In all diesen Verdrängungs-Varianten jedenfalls wird der nahe Schrecken zur fernen Legende, zum verständlichen Akt, zum auf unabsehbare Zeit endgültigen Faktum.

Lange hieß es im Westen Deutschlands zwar, die Teilung der Nation sei unannehmbar, aber heute beherrscht die zur politisch weisen »Erkenntnis« uminterpretierte kraft- und phantasielose Ansicht das Diskussionsfeld, man müsse mit der Teilung leben, und neuerdings wird uns von einigen Nachdenkern über Deutschland empfohlen, die Spaltung des Landes gar zu lieben, denn sie diene dem Frieden. Aber das ist in der Tat etwas Nach-Gedachtes: Schon 1961, im Jahr der Errichtung der Mauer durch Berlin und der beginnenden Vervollkommnung des innerdeutschen Todesstreifens, dachten Walter Ulbricht, Erich Honecker und andere Exekutoren und Nutznießer des obszönen und ungeheure Verschwendung markierenden Bauwerks diese fadenscheinige Legitimationsthese der Welt laut vor, betonten, daß sie mit dem erbarmungslosen Zerstören und Zerschneiden von historisch gewachsenen Landschaften, Städten, Dörfern und dem zunehmenden Ermorden von Menschen in dieser Bürgerkriegszone nichts Geringeres als den Welt-Frieden gerettet hätten. Einen Frieden haben sie mit Sicherheit gerettet. Ihren Frieden.

Mit Hilfe jenes Friedhofsfriedens, der seinen materiellen Ausdruck gefunden hat in den immer raffinierter werdenden Sperranlagen zwischen dem Priwall bei Lübeck und jenem schon erwähnten südlichen Dreiländereck. Dieser Frieden basiert auf einem Friedhof, der 1.393 Kilometer lang, im Schnitt 5 Kilometer breit und zusammengenommen ungefähr so groß wie das Großherzogtum Luxemburg ist. Seine Geschichte ist noch nicht geschrieben, denn er ist ja noch Gegenwart. Aber nur wenn wir seine unfaßbare und unerträgliche Gegenwart immer von neuem beschreiben, werden wir eines Tages seine Geschichte festhalten können – als Erinnerung an etwas Unglaubliches.

Wir müssen also nicht mit ihm leben, geschweige denn dürfen wir uns der Perversion hingeben, ihn zu lieben – wir müssen ihn geistig überleben, das heißt im Bewußtsein haben als ein unerträgliches Unrecht, das nie Recht werden darf, nur weil es lange genug existiert. Die berühmt-berüchtigte »normative Kraft des Faktischen«, wenn es sie denn schon gibt, sollte immer von den Opfern solcher Fakten ausgehen, nicht von den Tätern, und Opfer gibt es genug. Daß die Geschichte dieses unerträglichen Friedhofs durch Deutschland eine unerträgliche Vor-Geschichte in Deutschland hat, soll dabei nicht aus den Augen verloren werden. Aber auch sie rechtfertigt – auf Dauer – nichts; sie zwingt uns höchstens, nie wieder in Weimar zu wohnen, ohne zu wissen, was auf dem Ettersberg vor sich geht. Doch exakt diese Fahrlässigkeit mausert sich erneut zu einem Alltagsphänomen in Deutschland: Es gibt die lichtüberfluteten Grenzübergänge, da guckt man nicht in die dunklen Ecken; es gibt die medienwirksamen Treffen der Großen, da registriert man kaum das mitunter tödliche Zusammenstoßen der Kleinen. Wer war Marienetta Jirkowski? Die Frage möchten wir stellen in westdeutschen Schulen, auf westdeutschen Protestforen, in westdeutschen Parteiveranstaltungen. Sie

Gedenkkreuz für die bei einer Flucht 1980 getötete Marienetta Jirkowski; Berliner Mauer in der Nähe des Reichstages.

war eine kleine, längst vergessene Irritation im unermüdlichen Bemühen um den Welt-Frieden: ein achtzehnjähriges Mädchen aus Ost-Berlin, im dritten Monat schwanger, erschossen im November 1980 während eines Fluchtversuchs nach Westberlin. Ein Gedenkkreuz steht neben dem Reichstagsgebäude. Noch kann man die Schrift darauf mühelos lesen. Noch wird dieses Kreuz gepflegt.

Ist in diesen Tagen nichts Fröhlicheres, Freundlicheres zu berichten? Ja und nein. Die Zeitungen vermeldeten bei Reiseantritt, erneut sei in Berlin ein Fluchtversuch gescheitert, der unbekannte Flüchtling gestellt worden. Die Grenzsoldaten hätten jedoch nicht geschossen. Drei Zeilen über ein Opfer dieser Grenze,

Grenzverlauf am Rande des Thüringer Ortes Heinersdorf, 1985.

das mit dem Leben davongekommen ist, um Opfer zu bleiben, denn wir können ja wissen, was danach mit solchen geschieht. Aber dringt das noch ins öffentliche Bewußtsein, wenn nicht mehr geschossen wird? Fragt sich denn keiner, wie das Abfangen ohne Kugelhagel zustande kommt? Was ist bekannt über den phantastisch funktionierenden, tief im Hinterland aufgebauten neuen Zaun, der die Selbstschußanlagen überflüssig gemacht hat? Was über die neu angelegten Führungspunkte, teilweise unterbunkert mit Räumen für Alarm- oder Eingreiftruppen, die – löst ein Flüchtender am Hinterlandzaun akustische und optische Signale aus – aufspringen, herausjagen aus dem Bunker, von zwei Seiten massenhaft auf den einen zulaufen und ihn kriegen: ein weit entferntes Lauf-Spiel, wenn das Gelände günstig ist, und daß es sehr oft günstig ist, darauf wurde geachtet beim Errichten dieser neuen Generation von kostspieligen Friedenszäunen durch Deutschland, die wir gesehen haben. Vorne, an der allerletzten Linie, dem einen Meter vor der Freiheit, vorne wird es, das ist damit garantiert, stiller werden, und das wird viele hierzulande noch weniger unruhig machen als bisher.

Es ist besser, wenn an der Grenze nichts los ist, weil dann hier auch nichts los ist, sagt uns der Wirt des »Gasthauses zur Bergmühle«. Das liegt haarscharf an der Grenze: von der Terrassentreppe zur Grenzlinie sind es nur fünf, sechs Schritte. Hinter dem Anwesen erhebt sich auf dem Muppberg der Neustädter Forst der Stadt Neustadt bei Coburg. Wenn man auf dem

Prinzregententurm in diesem Forst steht, kann man Sonneberg sehen, die südlichste Kreisstadt der DDR, gelegen im Thüringer Schiefergebirge, bekannt vor allem als Ort, an dem Spielwaren produziert werden. Noch näher liegen die Dörfer Hönbach, Unterlind und Heubisch. Nach Heubisch gab's vom Gasthaus auch mal einen Weg, aber der ist verschwunden wie so viele andere ebenfalls. Wir sitzen an einem Tisch in der Schankstube: die einzigen Fremden. Eine Wanduhr mit Messingpendel schlägt sechsmal. Draußen ist es stockdunkel. Der Wirt bringt uns Tee mit Rum, die Zuckerwürfel sind in Papier eingewickelt, auf dem steht: »Grenz-Gasthof Bergmühle«. Der Wirt ist freundlich, neugierig, gesprächig: Vor drei, vier Jahren gingen am 24. Dezember Selbstschußanlagen los. Vielleicht wollte einer rüber, weil er dachte, Weihnachten passen die nicht so auf. Aber es ist besser, wenn an der Grenze nichts los ist, weil dann hier auch nichts los ist. Der Wirt geht wieder zu seiner Stammtischrunde. Auf den Tischen liegen Weihnachtsservietten, darauf stehen kleine Vasen aus Preßglas, in denen stecken Tannen- und Weidenkätzchenzweige. Wir blicken aus dem Fenster: Nicht weit von uns zieht sich eine prachtvolle Lampenkette hin, gelbes Licht fällt herab, Häuserumrisse treten hervor. Vor einem dieser Häuser sieht man ein kleineres, schwächeres Licht. Ich nehme mein Fernglas und erkenne einen mit elektrischen Kerzen geschmückten Weihnachtsbaum. Aber er steht nicht an einer befahrbaren Straße: er leuchtet durch zwei Metallgitterzäune hindurch. Die Stammtischrunde im Schankraum wird lauter, man schwadroniert über Politik, einer sagt: Die rüberkommen sind alle rübergeschoben, sitzen in Bonn, in der Regierung. Ja, sagt der Wirt und ist wieder bei uns, hier ist noch ein Grenzgedicht, ich hab noch mehr, unsere Gäste machen die, wir haben meistens Stammgäste – wegen der hausgemachten Wurst und dem selbstgebackenen Brot. Wir lesen die Reime fremder Menschen, die unbeholfen und pathetisch klingen und den Schnitt an dieser Stelle beklagen. Kitsch! würden wir vielleicht sagen, wenn wir weit genug von diesem merkwürdigen Wandschmuck entfernt wären. Aber wir sitzen so dicht am sentimental beschriebenen Geschehen, daß uns das Wort im Hals steckenbleibt. Das war knapp vier Tage vor Tann. Zuvor hatten wir mehrere Male im Hotel-Grenzgasthof in Fürth am Berg übernachtet: Ausgangspunkt für die Erkundungen im Raum Kronach bis Hof.

Wir schreiben Dienstag, den 10. Dezember 1985, und fahren nordwestlich von Kronach an der Grenze entlang: die Berge um 500 Meter, feiner Nieselregen fällt, die Land- und Forstwege sind schlammig. Das Dorf Burggrub ist unser Ziel, das an jener Straße liegt, die einst die Städte Kronach und Sonneberg verband. Gegen 10.00 Uhr sind wir wieder einmal mitten in Deutschland am Ende der Welt angelangt. Der Grenzverlauf ist hier fast rechtwinkelig, die Anlagen ziehen sich an Hängen entlang, man kann das Gelände und die Dörfer hinter dem Zaun gut einsehen: Lindenberg heißen sie und Neuhaus-Schiernitz. Auf unserer Seite ziehen sich Äcker bis an die Grenzlinie, im toten Winkel ein Fischteich, Stille. Die Wintersaat bringt ein wenig Farbe in den grauen Morgen, der kaum Sonne bietet, die Regentropfen an Weiden und Hagebuttengesträuch glitzern nicht. Unmittelbar im Sperrbereich liegt ein Umspannwerk: Betriebslärm schallt herüber. Der Wachturm, älterer Bauart, ist besetzt. Wir werden beobachtet, beobachten selber: ein Spiel, das sich in diesen Tagen unzählige Male wiederholt. Wort- und gestenloses Sich-Anstarren, sich Durchschauen-Wollen aus unterschiedlichen Motiven. Sie müssen alles notieren, weitermelden – wir wollen alles, was wir sehen, festhalten, und dann?

Dann verschlägt es mir fast die Sprache, weil ich etwas erblicke, das nicht sein kann: Links, unterhalb des Turmes, mitten im alten, doppelt umzäunten Minenfeld, steht ein mannshohes Apfelbäumchen: an seinen Zweigen überreife gelbe und braune verdorbene Früchte. Keiner kann ernten, was der Baum hervortreibt. Er steht wie im Paradies: unberührbar. Wer hat ihn gesät? Vielleicht ein Soldat, der einen Apfel aß,

Apfelbaum im Minenfeld an der B 89 nach Sonneberg (Thüringen).

während er Streife ging, und das Gehäuse ins Gelände warf, zwischen die schwarzen Zäune des Minenfeldes. Nun wächst der Baum und wächst und trägt Früchte. Uns wird klar, wie sehr wir uns schon im Unterbewußtsein bemühen, noch aus dem zufälligsten Zeichen an dieser Grenze ein Symbol für Leben und Hoffnung zu machen. Wie anders wäre sonst das Gefühl zu erklären, das in uns aufsteigt, als wir begreifen: da wächst ein Baum mitten im Tod. In die Stille und in unser leises Aufgeregtsein dringt Glockengeläut: es kommt von Burggrub her. Wir fahren weiter, erreichen gegen Mittag das Dörfchen Welitsch. Gegenüber liegt Heinersdorf. Durch beide Ortschaften fließt die Tettau. Aber Heinersdorfs Gemarkungen enden an einer Betonmauer. Berlins Mauer hat viele kleine Kopien entlang der innerdeutschen Grenze: Dörfer enden an diesen Mauern oder werden von ihnen zerschnitten wie die ehemalige Hauptstadt. Doch während sie in Berlin immer konsequenter verschönt wird, blättert hier noch Farbe, zeigen sich breite Risse im Beton. Die Häuser sind nahe, eine Kirche mit Zwiebeltürmchen, schiefergedeckt, überragt alles – auch den Turm, der seit gut einer Stunde mit zwei Leuten besetzt ist, wie uns bayerische Zollbeamte mitteilen. Wir werden vom Turm aus fotografiert. Die Rituale wiederholen sich von Ort zu Ort: lautlos und konsequent. Zu diesem Ritual gehört das Sich-Wegdrehen, wenn wir die Kameras heben. Diese Grenze hat eine starre Physiognomie, aber keine lebendigen Gesichter. Die Mechanik der Macht und der im Auftrage der Machthaber zur Machterhaltung genutzten Technik beherrschen hier das individuelle Reden: Kommandos, eingeübte Bewegungen, Griff-Bereitschaft, Erkennungs-Raster, Verhaltensmuster, Parolen. Manchmal merken wir rechtzeitig, daß wir in der Gefahr stehen, spiegelbildlich zu reagieren. Dann lachen wir, machen einen Witz oder entdecken Natürliches: eine Wolkenformation, Greifvögel, flüchtendes oder verharrendes Wild, fette Ackerkrumen, alte Grenzsteine, deren Hoheitskürzel und Grenzverlaufkerben unter Flechten verschwunden sind. Später fahren wir auf der Frankenwald-Hochstraße und biegen an der Stelle ab, wo die Karte uns verrät, daß die Tettau zum Grenzbach wird und parallel zu ihr eine Bahnlinie und eine Straße im Nichts enden. Vor Ort umgibt uns eine tosende Stille: Der Bach rauscht mächtig, besonders an der Stelle, wo sich die Eisenbahnbrücke über ihn wölbt. Hier ist die »Bachmitte Grenze«, verkünden in regelmäßigen Abständen Schilder des Bundesgrenzschutzes. Die Brücke ist morsch, zwischen den Schienen auf unserer Seite wachsen große Bäume, Gesträuch, ein Stahlgeländer hängt herab: Die Bombe Zeit ist hier zwischen Stahl, Holz und Stein gefahren – nach dem letzten Zug, der diese Schienen berührte. Wann war das? Schauberg, Sattelgrund, Alexanderhütte – so heißen die Dörfer an diesem toten Gleis. Dann kommt Tettau. Früher rollten auf diesen Schienen Züge mit Rohstoffen für die örtlich verbreitete Glasindustrie. Seitdem die Grenze ihr lähmendes Regiment führt, werden die Eisenbahnwaggons auf Tieflader gesetzt und rollen nun auf Straßen ihrem Ziel entgegen. Im Raum Tettau entdecken wir ein kleines Kreuz aus Holz, an dem eine Leichtmetallplatte befestigt ist. Auf der steht: »Gegenüber dieser Stelle wurde am 21. 5. 73 der NVA-Soldat Harry beim Verlegen von Minen tödlich verletzt.« Er starb einen sinnlosen Tod. Errichtet von den Beamten des Zollkommissariats Ludwigsstadt. Während wir noch den Text lesen, kommt auf der anderen Seite eine Kradstreife. Wir sind wieder im Blickfeld. Wer auf der anderen Seite kennt den Text auf dem Kreuz? Wer von denen, die nach Harrys Tod hier patrouillierten, wußte von ihm und seinem Ende? Hat er auch drüben einen Gedenkstein? Oder ist er nur das Opfer eines peinlichen Unfalls gewesen, das man schnell zu vergessen hatte? Wir wissen es nicht. Deshalb ist dieses Kreuz hier so wichtig: Es bekennt Trauer, versöhnende Trauer, und teilt nicht in gute und böse Opfer. Hinter Ludwigsstadt liegt – nahe bei Falkenstein – eines der wenigen noch funktionierenden Bahngeleise zwischen Deutschland und Deutschland. Probstzella, hinter der Grenze gelegen, ist nicht einzusehen. Die Schienen führen weiter nach Saalfeld. Falkenstein ist ein Gespensterort: Die Hotel-Gaststätte »Falkenstein«, neben den Schienen und dem Bach Loquitz gelegen, ist geschlossen. Ihre Verfassung läßt vermuten, daß die letzten Gäste vor mindestens zwanzig Jahren ankamen. An anderen trostlosen Gebäuden klebt verblichene Martini-Reklame, fordert ein Plakat wie zum Hohn: Naturpark Frankenwald. Steig aus und wandere Rundwanderweg Nr. 3, 7 km.

Gedenkkreuz bei Tettau im Frankenwald für den DDR-Grenzsoldaten Harry, der beim Minenverlegen ums Leben kam.

Das geteilte Dorf Mödlareuth, östlich von Hirschberg im Vogtland.

Ein Schild, parallel zu den Schienen, verweist auf andere Ziele: 300 km Berlin, 300 km München. Doch in keine Richtung bewegt sich etwas. Totenstille herrscht im Tal und vor dem Zaun, der hier offen, durchbrochen ist: Zwei schwarzrotgoldene Hoheitspfähle markieren den Eingang in die DDR. Aber das Kürzel will mir nicht einfallen, statt dessen fällt mir der Film »Stalker« von Andrej Tarkowski ein, sehe ich mich mitten in jenen Sequenzen, die den Eingang zur »Verbotenen Zone« zeigen. Doch von keiner Seite rast eine Draisine mit Flüchtlingen auf den Schlund zu, nur ein Signalmast leuchtet gelb in der feuchten Luft. Die verfallene Anlage der »Brauerei Falkenstein« vervollständigt die morbide Szenerie: zerschlagene Fenster, eingestürzte Gebäudeteile, aufgebrochene Türen, zerfetzte Akten, morsche Treppengeländer, eine verödete Verladerampe, Glassplitter. Früher, als der Hang vor der Anlage noch eine unbedeutende Provinzgrenze war, gingen 90 Prozent der Produktion dieser Brauerei nach Thüringen. Wir verlassen den Ort, ohne einen Menschen gesehen, einen Zug gehört zu haben. Wir flüchten, ganz ruhig, aber wir flüchten. Am nächsten Tag besuchen wir das geteilte Dorf Mödlareuth, das gegen Mittag wie ausgestorben wirkt. An einer Scheune lehnt ein Reisigbesen, ein Häuserrest steht noch auf DDR-Gebiet: eine kleine Bernauer Straße. Neben dem Dorfteich, aus dem schmutzige Schneeberge ragen, steht ein Tannenbaum mit elektrischen Kerzen, die aber um diese Zeit noch

Ulrich Schacht im Gespräch mit Otto Koppe im hessischen Dorf Rambach; Buchenmühle an der Grenze bei Grüsselbach (unten).

DDR-Grenzaufklärer vor dem Metallgitterzaun an der Burgruine Hanstein (Thüringen), 1984.

Bewachte Erdbauarbeiten an der Grenze bei Irmelshausen im Grabfeld (Bayern).

nicht brennen. Nach Mödlareuth verläuft die Chaussee neben der Grenze, leichter Schneefall setzt ein, in den Bäumen am Straßenrand hocken Krähen, andere kreisen über den Feldern im Osten und Westen. Dann sehen wir eine Stelle am Zaun, an der offenbar gearbeitet wurde. Aber es scheint Mittagspause zu sein. Ein rot angestrichener Traktor steht vor dem letzten Metallgitterzaun, an seiner Tür lesen wir: LPG Pflanzenproduktion Grenze Hirschberg. Diese Kombination aus Kürzel, Wortungeheuer und Sachaussagen ersetzt jeden Kommentar. Um 14.30 Uhr erreichen wir die Siedlung Ullitz, nordöstlich von Hof. Hier endet die Straße nach Plauen im Vogtland. An einem Schuppen hängen Aushangkästen der Kirche und der Gemeindeverwaltung, daneben ein gelbes Plakat: »Besuchen Sie uns in unserer neuen Schießanlage zum Tag der offenen Tür am 18. März 1984 von 10.00 Uhr bis 17.00 Uhr. Es lädt herzlich ein: Die Vorstandsschaft Schützengesellschaft Feilitzsch-Trogen«. Zehn Meter weiter zieht sich die andere, mittlerweile schon über zwanzig Jahre alte Schießanlage hin: die Grenze.

Wieder gerät alles zum Symbol, Normales verwandelt sich in Absurdes, eine überholte Information bleibt auf makabre Weise aktuell. An diesem Tag sehen wir noch Hirschberg und Blankenberg an der Saale, Fabriken und Häuser wachsen an Berghängen empor, Schlote stoßen stinkende Rauchschwaden aus, Lederwarenindustrie. Es ist dunkel, als wir ankommen, aber Fabrikhallen und Wohnungen sind erleuchtet. In zahllosen Fenstern brennen erzgebirgische Schwibbögen, glühen Herrnhuter Sterne – wie bei uns. Hinter nahen Fabrikfenstern erkennen wir schemenhaft Frauen bei der Arbeit, später öffnet eine von ihnen ein Fenster, schaut zu uns herüber, nicht lange, gleich daneben ragt ein Turm über die Saale. Er ist besetzt. An den Hängen zieht sich der elektronische Hinterlandzaun empor,

Hundefreilaufanlage zwischen zwei Metallgitterzäunen in der Nähe der Burg Hanstein.

Isolatorenmeere leuchten im Licht unzähliger Grenzlampen. Auf unserer Seite nur natürliches Ufer. Die klar erkennbare Stoßrichtung der Grenzanlagen, wen regt sie in Blankenstein auf? Die doppelte Isolation angesichts des Isolatorenmeeres, was tötet sie ab, was läßt sie keimen? Am 12. Dezember beobachten wir Erdbauarbeiten vor und hinter dem ersten Zaun in der Nähe von Ermeshausen, stehen schließlich einem NVA-Offizier und einem Soldaten gegenüber, die einen Arbeiter in einem Bagger bewachen. Wir könnten uns die Hand reichen, ein Wort wechseln – aber es herrscht eisernes Schweigen. Der Mann im Fahrerhaus des Baggers ist nicht zu sehen, er mußte die Kanzel mit seiner Jacke verhängen. Wir fotografieren uns ab, irgendwo in Deutschland, handschlagnah voneinander entfernt. Nur die rote Todesleine, die immer gespannt ist, wenn vor dem Zaun gearbeitet wird, charakterisiert den Ort und seinen potentiell furchtbaren Ernst. Vier Tage später, der prachtvolle Wintermorgen bei Tann in der Rhön. Wir sind unterwegs zur Buchenmühle bei Grüsselbach, die seit über zwanzig Jahren verwaist ist. Die Taft treibt das zerbrochene Rad schon lange nicht mehr an. Seit 1963 wohnt die Tochter des Müllers Schabel in einem Neubau oberhalb des verlorenen Grundes. Die Grenze spaltet das Grundstück, 1961 riß man auf der anderen Seite das Haupthaus ab: 100 Jahre zuvor war es errichtet worden. Die Tochter des Buchenmüllers, Frau Heller, erzählt uns Geschichten aus ferner Zeit – als man noch über den Zaun hinweg miteinander redete, erzählt Fluchtgeschichten von »Vopos«, wie sie sagt, deren Mützen und Karabiner im Stacheldraht hängenblieben. 1961 teilte der Landrat ihrer Familie mit: Wenn Sie bleiben, dann auf eigene Gefahr! Sie blieben nicht, Bund und Land halfen beim Neubeginn einen halben Kilometer weiter. Heute ist für Frau Heller der einst so vertraute Ort der Kindheit ein unheimliches Gelände, das sie meidet, wenn sie nicht gerade das Vieh aus dem Grund holen muß. Etliche Kilometer nördlich, zwischen dem Dorf Rambach im Hessischen und Großburschla drüben, lebt Otto Koppe: ein 83jähriger Müller, den wir schon kennen. Koppes Haus ist das letzte von Rambach, die Straße nach Großburschla, auf der einst das Leben vor ihm abrollte, endet im Dickicht einer unübersichtlichen Grenze. Aber Otto Koppe, der sich freut über das Wiedersehen, ist ein wacher Zeitgenosse. »Nein«, sagt er, »ich bin nicht der letzte Bürger von Rambach, ich bin der erste.« Er ist auch davon überzeugt: »Das wird eines Tages wieder zusammen sein ... Aber unsereins ist dann ja aus dem Leben raus.« Einsam ist es hier unten, doch Otto Koppe hat Töchter, die ihren Vater nicht vergessen haben, und einen Fernsehapparat: »Dümmer wird man davon ja nicht«, sagt der alte Mann, »wenn man nicht gleichgültig ist.« Die Kraft und Einsicht dieses Mannes stecken an. Das letzte Haus an der Rambacher Mühlenstraße ist auf einmal nur optisch ein toter Winkel: Ein Greis macht ihn lebendig, weil ihm immer noch nichts gleichgültig ist. Dieses Wort Otto Koppes nehmen wir mit, als wir weiter müssen: zum Gut Marienhof, das oben im Schlierbachwald seit über 200 Jahren eine »heile Welt« hervorzaubert. Filme wurden hier gedreht, Feriengäste kommen, Reiten kann man lernen. Alles neben der Grenze, die keiner sieht vor lauter natürlicher Pracht. »Wir leben hier oben in Frieden«, sagt Dietrich Freiherr Roeder von Diersburg, und fast möchte man dem freundlichen Mann dies glauben. Weiter nördlich, zwischen Eichenberg und Lindewerra, sieht die Grenzwelt wieder »natürlich« aus: Tiefliegende Regenwolken hüllen die unzugängliche Burgruine Hanstein und das ehemalige Gesindedorf Rimbach ein. Wieder sind wir allein mit einer Landschaft, durch die sich der doppelte, dreifache Zaun zieht, erkennen Hundelaufanlagen am Fuße der Burg, die es im vorigen Jahr noch nicht gab. Bald erfüllt langgezogenes Jaulen das kleine Tal, setzt sich fort bis nach Lindewerra, wo die Grenzanlagen wie eine Kaskade den Berg herabstürzen: Kaskaden des Todes. Wer sie aus den Augen verliert, verliert die Menschen aus den Augen, denen sie unerbittlich gelten.

(1985)

Museale und juristische Aufarbeitung der Grenzgeschichte

Anfang des 21. Jahrhunderts hat es entlang der ehemaligen Demarkationslinie mitunter den Anschein, als hätte es nie eine innerdeutsche Grenze gegeben. So vollständig waren die Abbaumaßnahmen seit 1989/90.

Nach der Öffnung der Berliner Mauer und der innerdeutschen Grenze am 9. November 1989 wurden in großer Eile Mauer- und Grenzzaundurchbrüche geschaffen, so daß bis zum Frühjahr 1990 fast 200 Übergänge entstanden. Nach dem Ende aller Grenzkontrollen am 1. Juli 1990, dem Tag der deutschen Währungs-, Wirtschafts- und Sozialunion, verschwanden diese allmählich oder verfielen.

Unter dem Übergangsministerpräsidenten der DDR, Hans Modrow, hatte es noch Anfang 1990 Überlegungen und Planungen gegeben, einen kleineren DDR-Grenzschutz, vergleichbar dem BGS, zu schaffen. Zugleich war beabsichtigt – so die damaligen Beschlüsse zur Militärreform –, die Grenztruppen der DDR aus dem Verantwortungsbereich des Verteidigungsministeriums herauszulösen und sie dem Innenministerium zu unterstellen. Anfang Januar 1990 erließ Hans Modrow eine Anweisung, die Grenztruppen zum Grenzschutz der DDR – unter Einbeziehung der Grenzbrigade Küste und der PKE – umzubilden und ihre Personalstärke um 50% auf 28.000 Mann zu reduzieren. Schließlich erging am 2. April 1990 der Befehl 46/90 zur Bildung eines DDR-Grenzschutzes, den der (noch) amtierende Verteidigungsminister der Regierung Modrow, Admiral Theodor Hoffmann, unterzeichnete.

Die DDR-Grenzer waren durchweg froh, seit der Wende bzw. seit dem 9. November 1989 nicht mehr Jagd auf Grenzverletzer machen zu müssen. Aber sie machten sich auch Sorgen um ihre berufliche Zukunft, vor allem die älteren Zeit- und Berufssoldaten. Leitende DDR-Grenzoffiziere der Offiziershochschule der Grenztruppen in Suhl gründeten einen Grenzschutzverband, der – ähnlich wie der Bundesgrenzschutzverband – die Interessen der DDR-Grenzer vertreten sollte. Diese Leute organisierten am 20. Februar 1990 einen ersten Verbandstag, der das »Entstehen eines neuen Gemeinschaftsgefühles« feststellte und eine politische Entwicklung voraussagte (und unterstützte!), BGS und DDR-Grenzschutz in einer Bereitschaftspolizei im vereinten Deutschland zusammenzuführen. Der neue Verband wollte die Einheit und eine »Verzahnung in der Aufgabenerfüllung zwischen BGS und DDR-Grenzschutz, die Übernahme bestimmter Aufgaben durch den Partner oder auch eine gemeinsame sicherheitspartnerschaftliche Überwachung und Kontrolle der (innerdeutschen) Grenze« erreichen.[85]

Die Welt hatte sich in Deutschland verändert: DDR-Grenzoffiziere wandten sich an den »Klassengegner« und baten um Unterstützung und Verständnis für ihre Arbeit, informierten über die Abfertigungspraxis in den DDR-GÜST, waren offen für Verbesserungen und Abänderungen und räumten ein, von der alten DDR-/SED-Führung mißbraucht worden zu sein. Einige »Wendehälse«, in erster Linie ausgerechnet ehemalige Politoffiziere, konnten gar nicht schnell genug auf den BGS zugehen und »im Westen ankommen«. Die Sorge um den Arbeitsplatz ließ sie alles Frühere über Nacht vergessen.

Auch die erste (und letzte) demokratisch legitimierte DDR-Regierung unter Lothar de Maizière erweckte zunächst den Eindruck, als könnte es eine Zukunft für einen DDR-Grenzschutz geben. Mit Wirkung vom

Umgerissener Wachturm an der Grenze bei Hanum (Sachsen-Anhalt).

1. Juli 1990 wurde der unter Modrow gebildete Grenzschutz offiziell dem DDR-Innenministerium operativ unterstellt; größere »Restbestände« der alten Grenztruppen verblieben aber bis zur Auflösung im September 1990 beim Ministerium für Abrüstung und Verteidigung (MfAV), das Rainer Eppelmann (DA/CDU) seit April 1990 leitete.

Die neue Koalitionsregierung in Ostberlin forcierte den Abbau der innerdeutschen Grenzanlagen. Eine Anordnung 19/90 bestimmte, daß bis zum 2. Juli 1990 Arbeitskommandos zum Ab- und Rückbau der Pionier- und Nachrichtenanlagen, Wachkommandos zur Objektsicherung und Transportkommandos zum Abtransport materieller Mittel, Waffen und Technik zu bilden seien. Der Abbau der innerstädtischen Berliner Mauer sowie der übrigen DDR-Grenzanlagen sollte bis zum 31. Dezember 1991 erfolgen. Danach wollte man in den Jahren 1992/93 »Kräfte in Stärke von ca. 3.000 Angehörigen/Zivilbeschäftigten der Grenztruppen zur vollständigen Erfüllung« des Abbaus formieren. Zugleich sollte auch mit dem »vollständigen Abbau der Grenzsicherungsanlagen, dem Rückbau der nachrichtentechnischen Anlagen, der Rekultivierung und Herstellung der Sicherheit der beräumten Geländeflächen sowie der Ablösung der materiellen, finanziellen und baulichen Fonds« begonnen werden. Letzteres wollte man Ende 1993 abgeschlossen haben. Diese Abbau-Einheiten wurden ab 1. September 1990 als Auflösungs-

und Rekultivierungskommando des MfAV geführt; ein zentraler Auflösungs- und Koordinierungsstab im Standort Pätz organisierte die Rekultivierung der Flächen und – vor allem – die Maßnahmen zur »personellen Konversion« der Truppe. Die meisten Angehörigen waren zu entlassen.

Gemäß einer 1. Durchführungsverordnung des Staatssekretärs für Abrüstung im MfAV wurde dann am 1. August 1990 der Verkauf der DDR-Grenzanlagen beschlossen: »Spezifische grenztypische Ausrüstung und materielle Mittel in Bedarfsträgerschaft der Grenztruppen-/Auflösungs- und Rekultivierungskommandos, die nicht durch das MfAV übernommen werden können, sind bis zur Beendigung des Abbaus der Grenzsicherungsanlagen in der Verantwortlichkeit des Leiters des Auflösungs- und Rekultivierungskommandos des MfAV auszusondern und kommerziell zu vermarkten.« Die Vorschrift scheint einen wahren Verkaufsboom ausgelöst zu haben, der kaum in den Griff zu bekommen war: »Bisweilen geradezu hemmungslos wurde zu Spottpreisen verkauft, was sich nur verkaufen ließ.«[86]

In der Folge wurden Unterkünfte, Anlagen aller Art, Wachtürme und GÜST-Einrichtungen ausgeschlachtet, um brauchbare Teile zu veräußern. Die so beschädigten Anlagen fielen anschließend der Demolierung und Zerstörung anheim. Viele Menschen ließen daran geradezu ihre Wut aus.

Am 21. September 1990 unterschrieb Rainer Eppelmann den Befehl 49/90 zur Auflösung der Grenztruppen der DDR. In Ziffer 6 enthielt dieses Dokument folgende Festlegungen: »Die Arbeiten zum Abbau der Grenzsicherungs- und Ausbildungsanlagen, zum Rückbau der fernmeldetechnischen Anlagen sowie zur Rekultivierung und Herstellung der Sicherheit in Abschnitten ehemaliger Minensperren sind fortzusetzen. Der Abbau der Grenzsicherungsanlagen in Berlin und im Bezirk Potsdam soll bis zum 1. Dezember 1990 abgeschlossen werden. In den Abschnitten ehemaliger Minensperren (zwölf Abschnitte mit insgesamt 35 km) sind mindestens vier Arbeits- und Räumkommandos der Grenztruppen einzusetzen. Der Abbau der Grenzsicherungsanlagen in Berlin und im Bezirk Potsdam sowie die Herstellung der Sicherheit in den Abschnitten ehemaliger Minensperren sind durch den Einsatz von Truppen der Landstreitkräfte zu unterstützen. Über Umfang und Art der durchzuführenden Arbeiten und der einzusetzenden Kräfte nach dem 2. Oktober 1990 entscheidet der Bundesminister der Verteidigung.«[87]

Mit der Herstellung der deutschen Einheit am 3. Oktober 1990 fielen alle Grenzsperren an das Verteidigungsministerium in Bonn, das bestrebt war, diese Altlasten so schnell wie möglich zu beseitigen. Zunächst betrieben 4.800 ehemalige DDR-Grenzsoldaten mit eigenem Gerät und mit Bundeswehrmaterial den weiteren Rückbau der Grenzanlagen – als Zivilangestellte in einem besonderen Status unter Leitung eines Ober-

Minensucharbeiten bei Ecklingerode im Eichsfeld.

sten der Bundeswehr. Minenräumtrupps dieser Abrüstungs- und Rekultivierungskräfte mußten sich bis Ende 1995 der ebenso mühevollen wie gefährlichen Arbeit der Suche nach alten DDR-Bodenminen unterziehen; im Laufe der Jahre seit 1990 konnten diese Freiwilligen dann langsam personell reduziert werden. Die verbliebenen Ex-DDR-Grenzer standen bis dahin in einem jederzeit beiderseitig kündbaren Arbeitsverhältnis. Sie haben sich mit ihrer Tätigkeit durchaus Verdienste im Vollzug der Einheit erworben.

Die DDR-Grenztruppen zählten einige Wochen vor der Wiedervereinigung gerade noch 15.000 Mann; dazu kamen noch etwa 3.500 Leute, die im Grenzschutz des DDR-Innenministeriums dienten.

Das Bundesinnenministerium hatte schon vor dem Tag der deutschen Einheit beschlossen, zur notwendigen personellen Aufstockung des BGS, auf den neue Aufgaben an der Ostgrenze (und auf den Bahnhöfen) zukamen, Angehörige und Zivilbeschäftigte der Grenztruppen, des DDR-Grenzschutzes, der Volks- und Transportpolizei (wenigstens zeitweise) zu übernehmen. Bereits vor der Vereinigung begannen 130 Angehörige des DDR-Grenzschutzes beim BGS in Coburg eine Ausbildung für den mittleren Polizeivollzugsdienst; im August 1990 übernahm man dort auch 30 ehemalige Offiziersschüler der Grenztruppenhochschule Suhl zur dreijährigen Ausbildung für den gehobenen Dienst (Kommissarlaufbahn).

Selbst auf Angehörige der Paßkontrolleinheiten des MfS mußte das neue Grenzschutzkommando OST zurückgreifen – ihr Fachwissen war (zunächst) unverzichtbar.

Zur Erinnerung an die ehemalige Berliner Mauer und die innerdeutsche Grenze sind in der ersten Hälfte der 90er Jahre mehrere Mahn- und Gedenkstätten sowie zahlreiche Grenz(land)museen entstanden. In Berlin ist es vor allem die »Arbeitsgemeinschaft 13. August« unter Rainer Hildebrandt, die im »Haus am Checkpoint Charlie« mit vielen Veranstaltungen und Expositionen an Öffentlichkeit und Politiker appelliert, die Jahrzehnte der Teilung nicht zu vergessen. Gedacht werden

St.-Hedwigs-Friedhof hinter der Berliner Mauer an der Liesenstraße (Mitte).

soll in erster Linie der Grenzopfer an der Mauer; erinnert werden soll dabei auch – etwa durch Erhalt von Grenzsperranlagen – an die äußeren Bedingungen des alten DDR-Grenzregimes.

Entstanden ist darüber hinaus die Gedenkstätte »Berliner Mauer« an der Bernauer Straße, die aus der Gedenkstätte selbst, einem Dokumentationszentrum und einer »Versöhnungskapelle« besteht. Nach Jahren der Auseinandersetzung über Konzeption und Finanzierung wurde diese Anlage am 13. August 1998 eröffnet. Bisher erfüllt das Gedenkensemble allerdings nicht die Informationserwartungen der Besucher, da vor allem das Dokumentationszentrum aus Finanzgründen nicht so ausgebaut werden konnte, wie ursprünglich gedacht und vom Trägerverein gefordert.

Dabei hatte der von Gabriele Camphausen geleitete Trägerverein überzeugende Konzepte zur Vermittlung der Mauergeschichte entwickelt. Aus Geldmangel sollten diese nicht scheitern, denn die deutsche Hauptstadt braucht eine derartige Einrichtung dringend. Das ist schon deshalb notwendig, da immer mehr Berlin-Besucher des In- und Auslandes nach der Mauer fragen und sich gern über deren Geschichte sowie über das DDR-Grenzregime informieren würden. Die ausgebaute Gedenkstätte könnte ein interessanter Anlaufpunkt für alle Stadtrundfahrten sein. Schließlich symbolisiert diese Mauer durch Berlin gut 28 Jahre deutsch-deutscher Konfrontation des geteilten Landes und seiner Hauptstadt. Daran hat man sich, unabhängig von politischen Einstellungen, zu erinnern. Das »Haus am Checkpoint Charlie« allein kann das – schon aus Platzmangel – nicht leisten.

An der innerdeutschen Grenze sind inzwischen mehr als ein Dutzend Grenzmuseen in Betrieb, unter anderem in Schnackenburg/Elbe, Göhr/Schnega, Helmstedt, Duderstadt, Geisa (»Point Alpha«), Coburg, Mödlareuth sowie in Tettenborn (Bad Sachsa/Harz) und in Probstzella.

Manche dieser auch privat geführten Häuser ähneln allerdings eher einem Grenztruppenmuseum als einem Grenzmuseum. Dazu gehört auch das Museum in Tettenborn. Der Schriftsteller Ralph Giordano vermerkte bei seiner Reise entlang der Grenze dazu: »Der erste Eindruck: ein nahezu vollständiges Panoptikum der DDR! In dem 1991 gegründeten Haus prallt man förmlich zusammen mit ihren Waffen und Uniformen, ihren Fahnen, Orden und Staatstrophäen, nicht zu vergessen charakteristische Dokumente aller Art aus der SED-Hierarchie.« Giordano schildert dann die Sammlung von Waffen und Gerät der DDR-Grenztruppen in diesem Museum: »Ich sehe hinter Glas Gewehre und Maschinenpistolen, ganze Plantagen von ›Bestenabzeichen‹ der Nationalen Volksarmee, einige mit behelmtem Kopf, andere mit aufgepflanztem Bajonett, Ausdruck einer ungeheuren Inflationierung absichtsvoller Belobigungen, mit letztlich nichts als dem Ergebnis ihrer ebenso natürlichen wie vollständigen Entwertung.«[88]

Von anderem Zuschnitt ist dagegen das Zonengrenzmuseum Helmstedt in der öffentlich-rechtlichen Trägerschaft des Landkreises, das in fünf Abschnitten die Geschichte der ehemaligen Grenze durch Deutschland dokumentiert. Hier findet man »Das Gesicht der Grenze« mit einem geschichtlichen Überblick zur Entwicklung der Sperranlagen, einschließlich einer Ausstellung von Originalen (Metallzaun) und Modellen (z.B. SM-70), die Abteilung »Flucht« mit Angaben über den Erfindungsreichtum derjenigen, die diese wagten (einschließlich Auszügen aus Strafverfahren gegen Grenzverletzer), Informationen über »Wirtschaft und Verkehr«, wozu auch Grenzgänger und Schmuggler gehören, ein Kapitel zur »Grenzöffnung«, das eine Übersicht über die Ereignisse seit 1989 bietet, und eine Abteilung »Grenzkunst«, die gegenständliche bis abstrakte Sichtweisen von Künstlern aus Ost und West zur Grenze präsentiert.

Ehemalige Grenzübergangsstelle Marienborn an der Transitstrecke Hannover – Berlin, heute Gedenkstätte »Deutsche Teilung«, 1997.

Fallbeispiel 8:
Gedenkstätte »Deutsche Teilung«, Marienborn

Auf einem Teil des Geländes der ehemaligen GÜST Marienborn, neben der GÜST Drewitz vor Westberlin die größte Grenzabfertigungsanlage der DDR, entstand und entsteht die Gedenkstätte »Deutsche Teilung« des Landes Sachsen-Anhalt. Millionen Deutsche und Ausländer haben diese GÜST passiert, im Transit von und nach Westberlin zumeist, aber auch zur Ein- und Ausreise in/aus der DDR.

Die Übergangsstelle an der Autobahn Hannover–Braunschweig–Helmstedt–Magdeburg–Berlin wurde bereits im Sommer 1946 als alliierter Kontrollpunkt zwischen britischer und sowjetischer Besatzungszone errichtet. Zunächst bestand der Komplex nur aus Holzbaracken, die unmittelbar an der Zonengrenze aufgebaut wurden. Ab 1950 übernahmen DDR-Grenzpolizei und MfS die Anlage, an der eine sowjetische Kontrollstelle bis zur deutschen Einheit 1990 zur Abfertigung des westalliierten Verkehrs von und nach Berlin verblieb. Aufgrund der ständigen Zunahme des Verkehrsaufkommens hat man die Übergangsstelle mehrmals erweitert und zuletzt in den Jahren von 1972 bis 1974 praktisch völlig neu und stark vergrößert errichtet. Die Anlage hatte riesige Dimensionen, rund 1.000 Angehörige von PKE, Grenztruppen und DDR-Zoll taten hier Tag und Nacht ihren Dienst.

Der Einreisebereich für Pkw und Lkw sowie Stabs- und Zollgebäude der GÜST sind erhalten geblieben und stehen heute unter Denkmalschutz. Allerdings hat man nach 1990 zum Beispiel die Dokumentenförderbänder bei den Einfahrten zur Kontrolle abmontiert, auch andere Teile der alten Anlage waren jahrelang dem Verfall ausgesetzt. Beseitigt wurden auch, wie überall nach dem 9. November 1989, die »Gammakanonen« der GÜST; die Leitung der Gedenkstätte kann aber heute nachweisen, wo sie installiert waren. Völlig abgerissen wurde der Ausreisebereich.

Trotzdem erhält der Besucher einen guten Einblick in das Monströse der GÜST. Im Stabsgebäude entstand zudem ein Informations- und Dokumentationszentrum, das umfassend über Bau und Ausbau sowie die Funktion der alten GÜST unterrichtet. Das gesamte Arreal umfaßte einmal 34 Hektar.

Wenn die Gedenkstätte endgültig fertiggestellt sein wird, dürfte sie einen bleibenden Eindruck bei allen Besuchern hinterlassen. Welche Kosten und Mühen die DDR aufgewandt hat, um Grenzdurchbrüche und -verletzungen nicht zuzulassen, wird anhand der Dokumente und Anlagen deutlich. Und wer diese GÜST während der Zeit der deutschen Teilung regelmäßig passieren mußte, wird neugierig-amüsiert die Kontrolltechniken der PKE und Grenztruppen studieren, die hier heute durch Historiker erläutert werden. Zugleich wird den einen oder anderen vielleicht auch das alte Gefühl der Beklemmung beschleichen, das mit der damaligen polizeistaatlichen Behandlung verbunden war.

Außergewöhnlich in seiner Art ist das Grenzmuseum in Mödlareuth, das aus einem Freilichtgelände und einem Dokumentationszentrum besteht. Der Besucher kann hier einen – verkürzten – Beobachtungsturm BT-11 besichtigen, Erdbunker, Grenzzäune und Fahrzeuge der DDR-Grenztruppen in Augenschein nehmen und einen Geschichtslehrpfad von 4 km Länge ablaufen.

An die innerdeutsche Grenze, ihre Opfer und Anlagen erinnern heute ferner die »Dorfrepublik Rüterberg« an der Elbe-Grenze, die einst von zwei Grenzzäunen abgeriegelt war, die Ortschaft Zicherie (Niedersachsen) mit einem entsprechenden Geschichtslehrpfad, einem Gedenkstein an den 17. Juni 1953 und einem Kreuz für den Journalisten Kurt Lichtenstein, der hier am 12. Oktober 1961 von NVA-Grenzern erschossen wurde, die Gemeinde Hötensleben (Sachsen-Anhalt) mit einem Grenzdenkmal, einem Mauerabschnitt und einem Beobachtungsturm sowie die Stadt Coburg (Oberfranken/Bayern) mit einem BGS-Grenzmuseum, das unter anderem Waffen, Geräte und Uniformen der DDR-Grenztruppen enthält.

Die deutsch-amerikanische Politologin Hannah Arendt hat die Behauptung aufgestellt, daß ohne Dinghaftigkeit, ohne Materialität, Erinnerung nicht möglich sei. Wenn das stimmt – und dafür spricht einiges –, ist die Musealisierung der DDR und ihrer Grenzanlagen unerläßlich.

Nach Herstellung der deutschen Einheit am 3. Oktober 1990 setzten alsbald Vorermittlungen und Untersuchungen der Staatsanwaltschaften in Berlin und in den fünf neuen Bundesländern ein, die eines zum Ziele hatten: die Ahndung von Totschlagsdelikten an der Mauer und der innerdeutschen Grenze. Seither hat es Dutzende von Prozessen gegen Mauerschützen gegeben; die meisten dieser Strafverfahren endeten mit Bewährungsstrafen bis zu zwei Jahren Freiheitsentzug. Bestraft wurden zunächst die unmittelbaren Schützen an der Mauer, nicht die Auftraggeber. Gegen diese leitenden Funktionäre von Partei und Staat gestalteten sich die Ermittlungen aufwendiger und komplizierter. Inzwischen sind aber auch mehrere Strafverfahren gegen führende Partei- und Staatsfunktionäre der SED/DDR wegen der Todesschüsse an der Mauer rechtskräftig abgeschlossen worden. So erhielten Heinz Keßler, DDR-Verteidigungsminister bis 1989, und Fritz Streletz, Chef des Hauptstabes der NVA, langjährige Haftstrafen wegen vollendeten Totschlags. Das Bundesverfassungsgericht hat Ende 1996 Beschwerden gegen diese Prozesse und Urteile verworfen.

Vor dem Landgericht Berlin standen auch leitende Generäle der DDR-Grenztruppen. Im September 1996 wurden der frühere Chef der Grenztruppen, Generaloberst Klaus-Dieter Baumgarten, zu sechseinhalb Jahren, seine Stellvertreter Karl Leonhardt zu drei Jahren und neun Monaten, Günter Gabriel zu dreieinhalb Jahren sowie Gerhard Lorenz, Dieter Teichmann und

Heinz-Ottomar Thieme zu je drei Jahren Haft verurteilt. Angeklagte und Teile der PDS bezeichneten die Urteile als Rache und Siegerjustiz. Beschwerden gegen diese Urteile hat das Bundesverfassungsgericht im Juli 1997 abgewiesen.

Die Anklage hatte den Grenzer-Generälen vorgeworfen, in sechzehn Fällen Totschlag bzw. versuchten Totschlag (oder Beihilfe dazu) begangen zu haben, bei denen elf Menschen ums Leben kamen und fünf zum Teil schwer verletzt wurden.

Hochinteressant ist eine Erklärung der sechs Grenzer-Generäle vom 3. November 1995 zu Beginn des Strafverfahrens; die Äußerungen lassen Rückschlüsse auf die Grenzsicherungspraxis und vor allem auf das amtliche Selbstverständnis der Truppe zu. Durchgängig wird in diesem Papier das DDR-Grenzregime verteidigt und so getan, als habe allein der Kalte Krieg die Zustände an der Grenze verursacht. Doch folgt man dieser Sichtweise, so hätte man zumindest ab Mitte der 70er Jahre, seit der Unterzeichnung der KSZE-Schlußakte in Helsinki, die Verhältnisse ändern müssen, zum Beispiel durch ein dauerhaftes Aussetzen des Schießbefehls.

Die sechs Generäle behaupten, daß das DDR-Grenzgebiet stets eindeutig gekennzeichnet gewesen sei und die Grenzsicherungsanlagen Teil eines militärischen Sperrgebiets waren. Eben das ist unrichtig: Das Grenzgebiet war ausdrücklich nicht als solches deklariert worden, obwohl es diesbezügliche Bestrebungen in der SED-Führung gab. Ein unbeabsichtigtes Betreten des Grenzgebiets wäre wegen der Markierung ausgeschlossen gewesen. Überall sei vor dem Betreten des Gebiets gewarnt worden. Die Festnahme mutmaßlicher Grenzverletzer war deshalb rechtens, ebenso – bei Widerstand und Fluchtversuch – die Anwendung körperlicher Gewalt. Dazu zählten »als Ausnahme die gezielte Anwendung der Schußwaffe gegen Grenzverletzer ..., aber nur um deren Festnahme zu erzwingen und nicht der Tötung halber«.[89] Die Generäle mußten sich fragen lassen, warum im Vergatterungstext der DDR-Grenztruppen bis in die 80er Jahre hinein die Formel üblich war, Grenzverletzer festzunehmen »oder zu vernichten«. Diese Formel wurde so verstanden, daß der Grenzsoldat auch den Flüchtling töten konnte. Die Generäle wandten in diesem Zusammenhang ein, der Begriff »Vernichten« sei militärisch zu verstehen gewesen und hätte die Abwehr bewaffneter Übergriffe im Auge gehabt, doch dies konnte das Gericht nicht nachvollziehen, gab es doch zahlreiche Tote an der Grenze, die aus der DDR kamen.

Die Grenzer-Generäle rechtfertigten dies so: »Vernichten« sei als militärisch definierter Begriff zu verstehen, der nur von Böswilligen mit Töten gleichgesetzt werde. Es galt der Befehl, den militärischen Gegner nach Möglichkeit mit dem ersten Schuß bzw. ersten Feuerstoß zu vernichten, wobei dem Wort »vernichten« die Bedeutung zukam, den Gegner kampfunfähig, das heißt im militärischen Sinne handlungsunfähig zu machen.[90]

Diese Schutzbehauptung der Angeklagten verrät eine Art Frontverständnis der Grenze. Und das zu einer Zeit, als die Politik auf beiden Seiten bereits auf Entspannung und gute Nachbarschaft orientiert war. Verwundern muß generell die militarisierte Sprache; die Grenzer-Generäle befanden sich offensichtlich tatsächlich permanent im »Frontdienst im Frieden«. Und wer war der Gegner? Das war doch in aller Regel kein Eindringling, Provokateur oder Terrorist, sondern der Grenzverletzer und Bürger des eigenen Landes. Das falsche Sicherheitsdenken der leitenden Partei- und Staatsfunktionäre ist letztlich verantwortlich dafür, daß in solchen Kategorien gedacht und gehandelt wurde.

An anderer Stelle des Papiers bekunden die Generäle ihre Betroffenheit und ihr Mitgefühl für die Toten und Verletzten an der Grenze und schreiben dann: »Es war humanistisches Grundanliegen der DDR, das Leben zu achten, menschliches Leid möglichst zu vermeiden, und sie hatte darüber hinaus ein hohes politisches Interesse daran, es nicht zu Todesfällen kommen zu lassen, weil jeder Tote an der Grenze zur politischen Diskreditierung der DDR mißbraucht wurde.«[91] Späte-

Deutsch-Deutsches Museum Mödlareuth mit Grenzsignalzaun und einem stark verküztem Grenzbeobachtungsturm, 1997.

Museum am Schiffergrund des Arbeitskreises Grenzinformation in Bad Sooden-Allendorf (Hessen), 1997.

stens hier wird die ganze Verlogenheit der Erklärung offenbar: Die politische Diskreditierung störte, nicht das Opfer an der Grenze.

Etwas völlig anderes war (und ist) die Äußerung von Angeklagten in diesen Verfahren, wonach die DDR nicht die Macht gehabt hätte, ihr Grenzregime eigenständig festzulegen. Diese Frage beschäftigte auch das Gericht im Verfahren gegen Egon Krenz & Genossen, die als politisch Verantwortliche für die Toten an der Grenze im August 1997 wegen »Totschlags« zu Freiheitsstrafen zwischen drei und sechseinhalb Jahren verurteilt wurden (E. Krenz: 6 1/2 Jahre; G. Schabowski und G. Kleiber je 3 Jahre). Belegt ist die Tatsache, daß die Sowjets in den 50er und 60er Jahren die DDR-Grenzsicherungspraxis maßgeblich bestimmten. Aber nach dem Tode von Leonid I. Breschnew im Jahre 1982 wurde der Handlungsspielraum größer, und seit dem Amtsantritt von Michail S. Gorbatschow im Jahre 1985 hat er sich nochmals vergrößert. Dafür spricht die einseitige und ziemlich einsame Entscheidung von Erich Honecker, die Selbstschußgeräte (und Bodenminen) ab 1983 ersatzlos abzubauen. Der sowjetische Grenztruppenchef ist seinerzeit in Ostberlin sogar vorstellig geworden, um dagegen heftig zu protestieren. Ohne Erfolg. Auch als Erich Honecker seit Mitte der 80er Jahre die sogenannten Sicherungsperioden ständig ausweitete, ist dies nicht von Moskau aus unterbunden worden. Das geschah zumeist dann, wenn sich DDR-Repräsentanten im Ausland befanden oder hoher Besuch in Westberlin angesagt war und man wegen des außenpolitischen Ansehens keine Schüsse an der Mauer und Grenze riskieren wollte.

Hinter verschlossenen Türen wurde in den 80er Jahren mehrfach darüber diskutiert, wie man die DDR-Grenzsicherung auch ohne Waffeneinsatz garantieren könnte, wozu die DDR-Grenztruppenleitung für die 90er Jahre ein erneuertes Sicherungssystem mit aufwendiger

– und teurer – Grenztechnik, unter anderem mit Licht- bzw. Laserschranken, Infrarotgeräten und Mikrowellen, plante.[92] Ferner wollte man die Hinterlandsicherung noch weiter intensivieren und auch die unmittelbare Grenze ansehnlicher machen – zum Beispiel durch Verlegung der Zaunanlagen landeinwärts. Das alles hatte zum Ziel, Grenzverletzer ohne Schußwaffeneinsatz vom Grenzdurchbruch abzuhalten. Doch zu einer zügigen praktischen Umsetzung konnte man sich nicht entschließen.

In der Bundesbehörde für die Stasi-Unterlagen in Berlin fand man nach 1990 auch den Beweis für die klammheimliche Abschaffung des Schießbefehls in einer Niederschrift der Hauptabteilung I beim Kommando der Grenztruppen, Pätz, vom 12.4.1989:

»Seit dem 3.4.1989 wurden nach mündlicher Beauflagung durch den amtierenden Minister für Nationale Verteidigung, Generaloberst Fritz Streletz, durch den Stellv. Minister und Chef der Grenztruppen der DDR, Gen. Generaloberst Baumgarten, alle unterstellten Verbände, GK NORD, GK MITTE und GK SÜD, gegen 19.00 Uhr mündlich angewiesen, die Schußwaffe im Grenzdienst (Staatsgrenze zur BRD und zu Berlin/ West) zur Verhinderung von Grenzdurchbrüchen nicht mehr anzuwenden.

Nur bei Bedrohung des eigenen Lebens darf die Schußwaffe eingesetzt werden.

Diese Befehlsgebung ist am 4.4.1989 bis zum Grenzposten bekanntgemacht worden und wird praktiziert.«[93]

Diesen Befehl hätte man auch einige Jahre früher erlassen können. Er belegt einmal mehr, daß die DDR-Führung in den 80er Jahren ganz offensichtlich in der Lage war, ihr Grenzregime eigenständig zu regeln.

Umnutzung des ehemaligen Grenzzaunes für den Schutz junger Bäume, Sachsen-Anhalt, 1997.

Trennung und Annäherung – Ein Ausblick

Die Grenze durch Deutschland, die eine Wunde war, vernarbt. Sie ist Vergangenheit. Ihre Anlagen wurden fast vollständig geschleift, die Überbleibsel landeten im Museum.

Seit 1990 wurde die Demarkationslinie wieder zu dem, was sie vor 1945 schon war: Ländergrenze, Verwaltungsgrenze zwischen (alten und neuen) Bundesländern des vereinten Deutschland.

Auf absehbare Zeit wird diese ehemalige Staatsgrenze der DDR zur BRD aber noch beide Teile Deutschlands in gewisser Weise trennen (oder wenigstens an die Teilung erinnern): durch verschiedene Entlohnungsformen in West und Ost, durch zeitweilige Unterschiede im Rechtssystem, die der deutsch-deutsche Einigungsvertrag von 1990 festschrieb, durch unterschiedliche Förderungspräferenzen, durch länderabhängige Entwicklungsunterschiede, vor allem aber durch abweichende Lebenserfahrungen der Menschen zu beiden Seiten der ehemaligen Trennungslinie. Das alles wird erst in Jahrzehnten angeglichen sein.

Dort, wo früher die Welt zu Ende war, Grenzland eben, ist heute Mitte; dort, wo einst Grenzanlagen riesigen Ausmaßes die Landschaft zerschnitten, werden heute neue Wege, Straßen und Eisenbahnlinien gebaut bzw. erneuert, »wächst zusammen, was zusammengehört«. Die kulturell eigenständigen Regionen haben wieder ihr traditionelles Hinterland, Arbeit und Einkauf sind wieder zu beiden Seiten möglich.

Fast 45 Jahre trennte die Grenze Besatzungszonen und – ab 1949 – zwei deutsche Staaten voneinander, wurde schließlich zur Systemgrenze zwischen West und Ost, zwischen Kapitalismus und Sozialismus. Auf der Ostseite befestigte eine verunsicherte, weil demokratisch nicht legitimierte Führung die Grenze und schuf abschreckende Anlagen, die sich vor allem gegen die eigenen Leute richteten. Hunderte von Menschen verloren an dieser Grenze ihr Leben, Milliardengelder flossen in die aufwendigen Befestigungen. Doch Aufwand und Ertrag standen in keinem angemessenen Verhältnis zueinander; die Flucht von DDR-Bürgern konnte nie völlig unterbunden werden.

Die Grenzbevölkerung in Ost und West hat unter dem DDR-Grenzregime immer gelitten. Zwei größere Zwangsaussiedlungsaktionen (1952 und 1961) sowie weitere Ausweisungen wegen »politischer Unzuverlässigkeit« haben die Atmosphäre vergiftet, Mißtrauen und Unfrieden gesät. Auf Ostseite wähnte sich die Bevölkerung im ständigen Ausnahmezustand. Wer in der Nähe der Grenze oder in Berlin wohnte, hat die deutsche Teilung in aller Regel elementarer empfunden als die Bürger im Innern der beiden deutschen Staaten.

Im Ergebnis des Grundlagenvertrages von 1973 entkrampfte sich die Situation unmittelbar an der innerdeutschen Grenze, auch wenn kein ausdrücklicher Grenzvertrag zustande kam, wie ihn die DDR immer wollte. (Schon alliierte Vorbehaltsrechte ließen das nicht zu.) Es kam in der Folgezeit zu grenzüberschreitenden Aktivitäten vor allem im wirtschaftlichen Bereich, eine gemeinsame Grenzkommission regelte auftretende Problemfälle. Die DDR- Führung fand trotzdem nicht die Kraft, von sich aus die Grenzsicherung spürbar zu verändern. Mauer und innerdeutsche Grenze blieben bis zum Wendeherbst, bis zum 9. November 1989, voll in Funktion. Zehntausende DDR-Grenzer bewachten diese Grenze und waren bis in den April 1989 hinein verpflichtet, Fluchtversuche notfalls mit der

Die Berliner Mauer am Potsdamer Platz, Winter 1986, und am Brandenburger Tor, Herbst 1985.

Grenzübergang Chauseestraße in Berlin-Mitte, 1986. Unten: Gedenkstätte für den bei einem Fluchtversuch 1962 erschossenen Peter Fechter.

Löchrige Mauer an der Heinrich-Heine-Straße zwischen den Berliner Bezirken Mitte und Kreuzberg, Winter 1984.

Grenzübergang Horst in Mecklenburg an der B 5, der ehemaligen Transitstrecke Hamburg – Berlin, 1990.

Öffnung des Grenzüberganges von Schmölau (Sachsen-Anhalt) nach Schafwedel (Niedersachsen) am 18. November 1989 morgens.

10. November 1989 am Brandenburger Tor: Jugendliche aus beiden Teilen der Stadt feiern auf dem knapp drei Meter breiten Mauerwall.

Die Mauer im Jahre 1990: In Berlin und in Böckwitz (Sachsen-Anhalt); im Hintergrund liegt ein umgestürzter Wachturm.

Turmbesetzung bei Wiewohl (Sachsen-Anhalt) in der Nähe von Müssingen (Niedersachsen) südöstlich von Uelzen, 1990.

Schußwaffe zu verhindern. Dabei ist erheblich gegen Grundsätze der Menschlichkeit verstoßen worden.

Es ist viel darüber gestritten worden, ob es politisch klug war, im deutschen Einigungsverfahren keine Amnestie für teilungsbedingte Straftaten vereinbart zu haben. Dies ist müßig, denn derartiges war damals politisch nicht durchsetzbar. In den bald darauf einsetzenden Strafverfahren ist deutlich geworden, daß es durchaus auch subjektive Schuld gab. Minenfelder und Schußwaffengebrauch gegen Menschen lassen sich im Frieden, zumal in Entspannungszeiten, nicht rechtfertigen. Widerstand, Widerspruch und Verweigerung wären an vielen Stellen angebracht gewesen – nicht bequeme Routine und feiges Abnicken von Berichten über die Situation an der Grenze, wie sie beispielsweise das DDR-Verteidigungsministerium regelmäßig dem SED-Politbüro vorlegte.

Andererseits: Die übergroße Mehrheit der DDR-Grenzsoldaten hat sich keinerlei Verfehlungen schuldig gemacht. Sie waren seit der Kindheit in ein System eingebunden, das auf Befehl und Gehorsam setzte. Ihnen wurde das Gefühl vermittelte, bei den »Siegern der Geschichte« zu sein und den Fortschritt der Menschheit zu verkörpern. Dieser sollte um jeden Preis verteidigt werden, weshalb auch menschenfeindliches Vorgehen an vielen Stellen nicht als solches erkannt wurde.

Angerechnet werden sollte es den Grenzern und ihrer Führung, daß sie in der Nacht vom 9. zum 10. November 1989 besonnen und zurückhaltend reagiert haben. Mauer- und Grenzöffnung hatten die Truppe völlig überrascht, und es hätte auch ganz anders verlaufen können. Es kam zu keinen Kurzschlußhandlungen; die Truppe ging diszipliniert in den eigenen Untergang.

Um die Erinnerung an die Grenze und die mit ihr verbundenen Schicksale zu bewahren, sollten alle Bemühungen von Kreisen, Städten und Gemeinden, von Ex-Grenzern, BGS- und Zollgrenzdienstangehörigen sowie Einzelpersonen aktiv unterstützt werden, die zum Aufbau von Sammlungen, Gedenkstätten und Museen führen. Vielleicht kann dieses Buch mit dazu beitragen.

Grenzmuseen

Von Norden nach Süden

Denkmal Dorfrepublik
c/o Hans Rasenberger, Heinrichstraße 1,
19303 Rüterberg Dorfrepublik
Tel./Fax: 03 87 58-2 22 13
Besuche täglich möglich

Grenzlandmuseum Schnackenburg
Am Markt, 29493 Schnackenburg
Tel. und Fax: 0 58 40-225 oder 0 58 46-3 33
1. Mai bis 30. September: Mo bis Fr 9 bis 17 Uhr,
Sa 13 bis 17 Uhr, So 10 bis 17 Uhr
1. Oktober bis 30. April: Di bis Fr 10 bis 16 Uhr,
Sa 13 bis 17 Uhr, So 10 bis 17 Uhr

Grenzlandmuseum Schnega
c/o Dietrich-Wilhelm Ritzmann,
Göhr Nr. 13, 29465 Schnega
Tel.: 0 58 42-2 46 oder 0 58 42-6 00
Mo bis Fr nach Vereinbarung
Sa und So 13 bis 18 Uhr

Museum Burg Brome
Junkerende, 38465 Brome
Tel.: 0 58 33-18 20 oder -84 44
Di bis Fr 15 bis 17, Sa 14 bis 17 Uhr
Sonn- und Feiertage 12 bis 18 Uhr

Museum Haus am Checkpoint Charlie
Friedrichstraße 43–45, 10969 Berlin
Tel.: 0 30-25 37 25-0
Täglich 9 bis 22 Uhr

Verein Berliner Mauer-Gedenkstätte Dokumentationszentrum e. V.
Bernauer Straße 111, 13355 Berlin
Tel.: 030-4 64 10 30, Fax: 030-4 64 47 55
e-mail: info@berliner-mauer-dokumentationszentrum.de
Führungen nach Anmeldung möglich
Mi bis So 10 bis 17 Uhr

Zonengrenz-Museum Helmstedt
Südertor 6, 38350 Helmstedt
Tel.: 0 53 51-1 21 11 33, Fax: 0 53 51-1 21 16 27
Di und Fr 15 bis 17 Uhr
Mi 10 bis 12 Uhr und 15 bis 17 Uhr
Do 15 bis 18.30 Uhr
Sa und So 10 bis 17 Uhr

Gedenkstätte Deutsche Teilung Marienborn
An der BAB 2, 39365 Marienborn
Tel.: 03 94 06-9 20 90, Fax: 03 94 06-9 20 99
Ganzjährig Di bis So 10 bis 17 Uhr

Grenzdenkmalverein Hötensleben e. V.
c/o Achim Walter, Wallstraße 3, 39393 Hötensleben
Tel.: 03 94 05-5 06 60 oder: 03 94 05-96 10
Jederzeit zugänglich, Turmbegehung
und Führung mit Anmeldung

Gedenkstätte Grenze, Winnigstedt
OT Mattierzoll, c/o Gemeindeverwaltung
Schulstraße, 38170 Winnigstedt
Tel.: 0 53 36-9 09 22
Täglich geöffnet

Förderkreis Heimatmuseum Hornburg
38315 Hornburg, Tel.: 0 53 34-14 11
Di bis Sa 14 bis 16 Uhr
Sonn- und Feiertage 11 bis 12 und 15 bis 18 Uhr

Freiland-Grenzmuseum Sorge
38875 Sorge, c/o Gemeindeverwaltung Sorge
Tel.: 03 94 57-32 39
Jederzeit zugänglich

Grenzlandmuseum Bad Sachsa
Hinterstraße 1a, 37441 Bad Sachsa-Tettenborn
Tel.: 0 55 23-3 00 90
Fax: 0 55 23-99 97 73
So 10 bis 12 Uhr
Gruppenführung nach Vereinbarung

Grenzlandmuseum Eichsfeld e.V.
Duderstädter Straße 5, 37339 Teistungen
Tel.: 03 60 71-9 71 12; Fax: 03 60 71-9 79 98
Di bis So 10 bis 17 Uhr

Arbeitskreis Grenzinformation e.V.
Egerländer Straße 44, 37242 Bad Sooden-Allendorf
Tel.: 0 56 52-32 16
Grenzmuseum Schifflersgrund
Tel.: 03 60 87-9 84 09, Fax: 03 60 87-9 84 14
April bis Oktober: täglich 10 bis 17 Uhr
November bis März: Mo bis Fr 10 bis 16 Uhr
Sa/So 13 bis 16 Uhr

Dokumentationszentrum zur deutschen Nachkriegsgeschichte
Auf dem Bache 11, 37281 Wanfried
Tel.: 0 56 55-10 67 oder -13 12
Sa 15 bis 17 Uhr, So 10 bis 12 Uhr,

Grenzmuseum Philippsthal (Werra)
c/o Gemeindeverwaltung (Hr. Schäfer), Tel.: 0 66 20-92 10 15
oder Frau Herrmann (Arbeiterwohlfahrt), Tel.: 0 66 20-14 32
Öffnungszeiten nach Vereinbarung

Mahn-, Gedenk- und Bildungsstätte Point Alpha, Geisa/Rasdorf
Hummelsberg 1, 36169 Rasdorf
Tel.: 0 66 51-91 90 30, Fax: 0 66 51-91 90 31
Täglich 10 bis 17 Uhr

Heimatmuseum mit Grenzabteilung Geisa
Schloßplatz 5, 36419 Geisa
Grenzmuseum (Hr. Ritz), Tel.: 03 69 67-7 52 90
Fremdenverkehrsbüro, Tel.: 03 69 67-6 91 50
Mo bis Do 9 bis 12 Uhr und 13.30 bis 15 Uhr; Fr 9 bis 12 Uhr
April bis Oktober: So 14 bis 16 Uhr

Info-Stelle über die Grenze zur ehemaligen DDR
Verkehrsamt Tann, Am Kalkofen 6, 36142 Tann (Rhön)
Tel.: 0 66 82-16 55, Fax: 0 66 82-89 22
Mai bis Oktober Fr 10.30 Uhr Führung

Verein für Heimatgeschichte im Grabfeld e.V.
Am Kurzentrum 1, 97631 Bad Königshofen
c/o Hanns Friedrich, Tuchbleiche 7, 97631 Bad Königshofen
Tel.: 0 97 61-3 90 30
So 14 bis 18 Uhr oder nach Vereinbarung

Förderverein »Gedenkstätte Billmuthausen«
Waldstraße 19, 98646 Hildburghausen
Tel.: 0 36 85-70 68 85
Besuch nach Vereinbarung möglich

Informationsstelle über die Teilung Deutschlands
Schützenplatz 1, 96465 Neustadt bei Coburg
Tel.: 0 95 68-8 11 26, Fax: 0 95 68-8 11 38
Mi, Sa und an Feiertagen 14 bis 16 Uhr, So 14 bis 16 Uhr

Gedenkstätte Heinersdorf-Welitsch
An der Staatsstraße 2201, nach Vereinbarung geöffnet
c/o Landratsamt Kronach, Postfach 1551, 96360 Kronach
Fördervereinsvorsitzender: Hr. Pfadenhauer,
Frankenstraße 21, 96328 Küps
Tel.: 0 92 61-2 04 80

Gedenkstätte Probstzella-Ludwigsstadt
Anmeldung über: Tel.: 0 92 61-67 83 53 oder 0 92 63-9 49 30
Fr, Sa, So und feiertags 9 bis 17 Uhr
oder nach Vereinbarung

Deutsch-Deutsches Museum Mödlareuth
Mödlareuth Nr. 13, 95183 Töpen-Mödlareuth
Tel.: 0 92 95-13 34, Fax: 0 92 95-13 19
e-mail: Museum.Moedlareuth @ t-online.de
Sommer 9 bis 18 Uhr; Winter 9 bis 16.30 Uhr
Sa und So 10 bis 16.30 Uhr

Natur(schutz)projekte:

Bund Naturschutz in Bayern e.V.
Landesgeschäftsstelle – Projekt »Grünes Band«
Dr. Kai Frobel, Bauernfeindstraße 23, 90471 Nürnberg
Tel: 09 11-8 18 78 19, Fax: 09 11-86 95 68

Lebensstreifen
c/o Klaus Buchin, Marlesgrube 42, 23552 Lübeck
Tel: 04 51-7 28 98, Fax: 04 51-7 28 89

»Parlament der Bäume«
Schiffbauerdamm, Berlin (Nähe Reichstag)
c/o Ben Wargin, Joseph-Haydn-Straße 1, 10557 Berlin
Tel: 0 30-3 92 60 49
Jederzeit zugänglich

Tabellen und Statistiken[94]

Grenzverletzer

	79/80	80/81	81/82	82/83	83/84	84/85
Gesamtbewegung der Grenzverletzer	1347	1284	1188	1329	1105	922
davon Festnahmen der GT (F/P)	159/207	178/218	156/193	170/217	141/179	138/175
Grenzdurchbrüche	35/54	26/36	42/59	35/44	36/53	16/20
Anwendung der Schußwaffe	20	25	19	16	13	16
Festnahmen der GT mit Anwendung	15/21	18/24	17/25	12/17	10/12	13/21
Grenzdurchbruch nach Anwendung	3/8	3/5	1/1	2/3	3/3	1/1
verletzte Personen	2	3	4	5	–	2
tödlich verletzte Personen	3	2	2	–	3	2

	85/86	86/87	87/88	88/89	Gesamt
Gesamtbewegung der Grenzverletzer	1114	1608	2106	1804	13 807
davon Festnahmen der GT (F/P)	190/237	327/431	399/561	346/487	2204/2905
Grenzdurchbrüche	46/69	55/87	91/135	77/144	459/671
Anwendung der Schußwaffe	20	18	20	20	187
Festnahmen der GT mit Anwendung	17/26	13/14	16/27	17/32	148/219
Grenzdurchbruch nach Anwendung	3/5	1/11	6/9	3/3	29/49
verletzte Personen	–	2	2	4	24
tödlich verletzte Personen	3	1	–	1	17

Auslösung von Minen

	79/80	80/81	81/82	82/83	83/84	Gesamt
Fälle/Personen	4/6	10/14	8/8	9/10	6/6	37/44
Festnahmen GT	4/6	7/10	5/5	8/9	3/3	27/44
Durchbrüche	–	3/4	3/3	1/1	3/3	10/11
Verletzte	4/5	9/12	7/7	8/9	5/5	33/38
tödlich Verletzte	–	1/1	1/1	1/1	1/1	4/4

Das DDR-Grenzsicherungssystem – die Grenze zur Bundesrepublik[95]

Länge der Demarkationslinie: 1378,1 km; Seegrenze (Ostsee): 14,9 km; Gesamtlänge: 1393,0 km

	Jahresende 1979	Stand vom 30.06.84	Stand vom 31.07.85	Stand vom 30.06.87	Stand vom 30.06.88	Stand vom 30.06.89
Metallgitterzaun (MGZ)	1.281,3 km	1.286,5 km	1.278,4 km	1.269,7 km	1.266,5 km	1.265,0 km
Doppelter Stacheldrahtzaun	100,1 km	24,4 km	25,2 km	20,9 km	15,2 km	–[96]
Grenzsperr- und Signalzaun (GSSZ) (auf Berührung reagierend)	1.041,1 km	1.166,8 km	1.193,8 km	1.208,2 km	1.196,4 km	1.185,7 km
– davon modifiziert		ca. 90,0 km	650,9 km	978,9 km	1.057,9 km	1.113,6 km
– mit Hundefreilaufanlage				85,5 km	103,4 km	119,4 km
– Anzahl der Hunde				804	ca. 900	962
Minenfelder	292,5 km	145,7 km	54,4 km	–[97]	–	–
Selbstschußanlagen (»SM 70« und »NS 501«)	393,0 km[98]	339,1 km	–[99]	–	–	–
Betonsperrmauern (Grenznähe)	24,8 km	29,7 km	29,7 km	31,3 km	29,5 km	29,1 km
– davon ersetzt durch Metallplattenzaun (u.a. bei Stapelburg)				1,5 km	1,7 km	2,0 km
Kraftfahrzeug-Sperrgräben	808,3 km	837,3 km	837,7 km	837,7 km	839,3 km	829,2 km
– davon befestigt	551,7 km	586,7 km	589,5 km	590,2 km	590,2 km	580,1 km
Kolonnenweg*	1.313,0 km	1.337,5 km	1.400,8 km	1.334,8 km	1.335,5 km	1.339,1 km
– davon befestigt	1.215,0 km	1.286,3 km	1.309,5 km	–[100]	–	–
– davon am GSSZ				271,4 km	335,0 km	340,7 km
Lichtsperren[101]	271,0 km	237,1 km	245,0 km	247,2 km	263,6 km	232,4 km
Halogenstrahlersperren						69,2 km
Hundelaufanlagen	97,3 km	100,6 km	128,2 km	91,7 km	78,6 km	71,5 km
mit Hunden (Gesamtzahl)	996	1181	1163	1073	954	886
Erdbunker/Unter-stände am MGZ*	900	765	751	659	596	425
– davon aus Beton	645	552	552	499	454	292
Erdbunker/Unterstände am GSSZ				48	57	48
– davon aus Beton				34	32	22
Beobachtungstürme am MGZ* aus Beton	665	665	661	597	576	529
Beobachungstürme am GSSZ				54	55	49
– davon aus Beton	39	40	37			
Beobachtungsstände aus Holz oder Stahl	82	44	38	86	108	155

(*) Werden seit Januar 1986 getrennt nach Bereich MGZ bzw. GSSZ erhoben.

Das DDR-Grenzsicherungssystem – »Ring um Berlin (West)«[102]

Länge der Demarkationslinie zwischen Berlin (West) und Berlin (Ost):	43,1 km
Länge der Demarkationslinie zwischen Berlin (West) und der DDR:	111,9 km
Gesamtlänge:	155,0 km

	Stand vom 31.07.84	Stand vom 31.07.85	Stand vom 31.07.86	Stand vom 31.07.87	Stand vom 31.07.88	Stand vom 31.07.89
Betonplattenwand mit Rohrauflage oder eingelassenem Rohr (3,5 bis 4,2 m; nur Grenznähe, nicht mitgezählt im rückwärtigen Gebiet, wenn z. B. Gewässer in Grenznähe sind)	112,6 km	111,6 km	111,2 km	107,6 km	107,0 km	106,0 km
Metallgitterzaun	55,0 km	55,7 km	58,4 km	62,3 km	61,3 km	66,5 km
Stacheldraht (doppelter Stacheldrahtzaun)	4,8 km	–	–	–	–	–
Betonmauern, Reste von Häuserfronten, Grundstücksmauern	9,0 km	0,5 km [103]	0,5 km	0,5 km	0,5 km	0,5 km
Beobachtungstürme	285	293	299	296	296	302
Bunker	69	52	43	30	24	20
Hundelaufanlagen (1968: 200)	256	258	244	250	255	259
Kraftfahrzeug-Sperrgräben (1968: 85 km)	108,0 km	108,0 km	107,3 km	106,2 km	105,5 km	105,5 km
Kontakt- bzw. Signalzaun (identisch mit dem »Schutzstreifenzaun« an der Grenze zur Bundesrepublik; 1968: 77,2 km)	124,9 km	124,9 km	125,1 km	125,3 km	127,5 km	127,5 km
Kolonnenweg (1968: 83,5 km)	123,5 km	124,0 km	124,0 km	124,0 km	124,0 km	124,3 km

Übersiedler und Flüchtlinge aus der DDR seit 1961

Jahr	gesamt	Übersiedler	Flüchtlinge (über Drittländer etc.)	Sperrbrecher (über die Grenzbefestigungen)	freigekaufte politische Häftlinge[104]
1961[105]	52.324	ca. 700	43.117	8.507	
1962	21.356	4.615	10.980	5.761	
1963	42.632	29.665	9.275	3.692	
1964	41.876	30.012	8.709	3.155	
1965	29.552	17.666	9.557	2.329	
1966	24.131	15.675	6.720	1.736	
1967	19.573	13.188	5.182	1.203	
1968	16.036	11.134	3.767	1.135	
1969	16.975	11.702	4.080	1.193	
1970	17.519	12.472	4.146	901	
1971	17.408	11.565	5.011	832	
1972	17.164	11.627	4.292	1.245	
1973	15.189	8.667	4.680	1.842	
1974	13.252	7.928	4.355	969	
1975	16.285	10.274	5.338	673	
1976	15.168	10.058	4.500	610	
1977	12.078	8.041	3.316	721	
1978	12.117	8.271	3.385	461	
1979	12.515	9.003	1.768	463	1.281
1980	12.763	8.775	2.552	424	1.012
1981	15.433	11.093	2.599	298	1.443
1982	13.208	9.113	2.282	283	1.530
1983	11.343	7.729	2.259	228	1.127
1984	40.974	34.982	3.459	192	2.341
1985	24.912	18.752	3.324	160	2.676
1986	26.178	19.982	4.450	210	1.536
1987	18.958	11.459	5.964	288	1.247
1988	39.832	29.033	9.115	590	1.094
Summe	616.751	383.181	178.182	40.101[106]	15.287
1989	343.854[107]				
Summe	960.605				

Todesfälle bei der Flucht aus der DDR

Auch mehr als zehn Jahre nach der Wende führen Archivrecherchen, Mitteilungen von Hinterbliebenen und Zeugen immer noch zum Bekanntwerden neuer Todesfälle bei der Flucht aus der DDR oder durch das Grenzregime. Osteuropäische Drittländer bekennen sich ebenfalls zunehmend zu Opfern an ihren Westgrenzen. Betrachtet man die Entwicklung der festgestellten Zahl der Grenztoten seit der Wende, so dürfte man sich jetzt der endgültigen Gesamtzahl genähert haben:

August 1989 (Zentrale Erfassungsstelle Salzgitter):	197
August 1992:	372
August 1993:	588
August 1994:	807
August 1995:	825
August 1996:	899
August 1997:	916
August 1998:	938
August 1999:	943
August 2000:	957

Die Grenztoten können folgenden Gruppen zugeordnet werden:

	vor 13.08.61	ab 13.08.61	gesamt
Berliner Grenze/Mauer	16	238	254
innerdeutsche Landgrenze	105	267	372
Ostsee	15	174	189
Grenzen von Bulgarien, ČSSR, Polen, Ungarn (nur DDR-Bürger)	4	43	47
Sonstige Fluchtwege (Flugzeugentführung, Warenexport, Transitwege)	0	7	7
Angehörige des DDR-Grenzdienstes bei der Fluchtabwehr	11	16	27
Sowjetische Fahnenflüchtige	11	10	21
Flugzeugabschüsse im Grenzgebiet	18	3	21
Nach erfolgreicher Flucht in der BRD liquidiert	0	1	1
Nach erfolgreicher Flucht »zurückgeholt« und in der DDR oder UdSSR hingerichtet oder in der Haft »verstorben«	12	1	13
Bei Fluchtvorbereitung bzw. auf der Flucht verhaftet und hingerichtet oder in Haft »verstorben«	0	5	5
gesamt	192	765	957

Unter den 957 Opfern befinden sich mehr als 40 Kinder und Jugendliche sowie über 30 Frauen. Das Alter der Todesopfer liegt zwischen 1 und 86 Jahren. Das letzte Todesopfer war am 30.10.89 zu beklagen (der Leichnam von Dietmar Pommer wurde durch polnische Behörden aus der Oder geborgen).
Nach Abschluß der Untersuchung aller Todesfälle im Bereich der Ostsee (jetzt 189 erkannte Todesfälle) kann man davon ausgehen, die Gesamtzahl der Grenzopfer fast erreicht zu haben.

Anmerkungen

1 Vgl. Protokoll zwischen den Vereinigten Staaten, Großbritannien und der Sowjetunion vom 12. September 1944 über »die Besatzungszonen in Deutschland und die Verwaltung von Groß-Berlin« sowie die »Folgeabkommen«, abgedruckt in: European Advisory Commission. Foreign Policy of the United States. Diplomatic Papers 1944, Bd. 1, Washington 1966; vgl. Birke, Adolf M.: Nation ohne Haus. Deutschland 1945–1961. Berlin 1989, S. 18.

2 Vgl. vor allem Benz, Wolfgang: Potsdam 1945. Besatzungsherrschaft und Neuaufbau im Vier-Zonen-Deutschland. 2. Aufl., München 1992.

3 SBZ-Handbuch, hrsg. von Martin Broszat und Hermann Weber. München 1990.

4 Kamphausen, Helmut: Geschichte einer Grenzziehung. Vom »Londoner Protokoll« zur »modernen Grenze«. In: Städte und Landschaften an der innerdeutschen Grenze. Sonderdruck der Texte zum Kalender 1984 des Gesamtdeutschen Instituts, Redaktion Hermann Rudolph. Bonn 1984, S. 29.

5 Ebenda, S. 29. Vgl. auch: Mitten in Deutschland – Mitten im 20. Jahrhundert. Die Zonengrenze, hrsg. vom Bundesministerium für Gesamtdeutsche Fragen. 9. Aufl., Bonn, Berlin 1965, S. 5; Die innerdeutsche Grenze, hrsg. vom Bundesminister für innerdeutsche Beziehungen, Bonn 1987, S. 9.

6 Vgl. Wetzlaugk, Uwe: Die Alliierten in Berlin. Berlin (West) 1988.

7 Dokumente zur Berlin-Frage 1944–1962. 2. Aufl., München 1962.

8 Kopp, Fritz: Chronik der Wiederbewaffnung in Deutschland. Daten über Polizei und Bewaffnung 1945–1962. Köln o.J. (1958), S. 28ff.

9 Berghoff, Kurt: Zur Entstehung der Grenzpolizei im Osten Deutschlands im Jahre 1946. In: Militärgeschichte 8(1969)1, S. 37.

10 Hanisch, Wilfried: Die Grenzpolizei bei der revolutionären Umgestaltung bis zur Gründung der DDR. In: Militärgeschichte 13(1974)4, S. 488.

11 Kleßmann, Christoph: Die doppelte Staatsgründung. Deutsche Geschichte 1945–1955. Göttingen 1982, S. 185ff.

12 Hanisch: Die Grenzpolizei ..., S. 492.

13 Instruktion für die Arbeit der Grenzpolizei bei der Festnahme der Grenzverletzer ... vom 30.1.1948, abgedruckt in: Glaser, Günther: »Reorganisation der Polizei« oder getarnte Bewaffnung der SBZ im Kalten Krieg? Frankfurt/M. 1995, S. 99ff.

14 Hanisch: Die Grenzpolizei ..., S. 492. Vgl. auch ders.: Vom schweren Anfang. Beiträge zur Geschichte der Grenztruppen der DDR, H. 1 (1945–1949), o.J. (1986), S. 33f.

15 Hanisch: Vom schweren Anfang ..., S. 44.

16 Hanisch, Wilfried: Für den Schutz der Staatsgrenze der jungen Republik. Beiträge zur Geschichte der Grenztruppen der DDR, H. 2 (1949–1961), o.J. (1988), S. 16ff.; vgl. auch Zeittafel zur Geschichte der Grenztruppen der DDR. In: Militärwesen 30(1986)11, S. 22.

17 Bennewitz, Inge; Potratz, Rainer: Zwangsaussiedlungen an der innerdeutschen Grenze. Analysen und Dokumente. Berlin 1994, S. 222ff.

18 Polizeiverordnung über die Einführung einer besonderen Ordnung an der Demarkationslinie, MfS, vom 27. Mai 1952, abgedruckt in: Koop, Volker: »Den Gegner vernichten«. Die Grenzsicherung der DDR. Bonn 1996, S. 429ff.; Die Sperrmaßnahmen der DDR vom Mai 1952. Die Sperrmaßnahmen der Sowjetzonenregierung an der Zonengrenze und um Westberlin. Faksimilierter Nachdruck des Weißbuches von 1953, hrsg. vom Bundesministerium für innerdeutsche Beziehungen. Bonn 1987, S. 88f.

19 Ebenda.

20 Bennewitz/Potratz: Zwangsaussiedlungen ..., S. 226.

21 Pfeiffer, Fritz: Protokoll, Berlin (West), den 18.7.1952, abgedruckt in: Die Sperrmaßnahmen ..., S. 57f.

22 Mitten in Deutschland ..., S. 8.

23 Dokumente des geteilten Deutschland, hrsg. von Ingo von Münch, 2.Aufl., Stuttgart 1976, S. 361ff.

24 Der Bau der Mauer durch Berlin. Die Flucht aus der SBZ und die Sperrmaßnahmen des kommunistischen Regimes vom 13. August 1961 in Berlin. Faksimilierter Nachdruck der Gedenkschrift von 1961, hrsg. vom Bundesministerium für innerdeutsche Beziehungen. Bonn 1986; vgl. auch Rühle, Jürgen; Holzweißig, Gunter: 13. August 1961. Die Mauer von Berlin. 2. Aufl., Köln 1986; Cate, Curtis: Riss durch Berlin. Der 13. August 1961. Hamburg

1980; Mehls, Hartmut (Hrsg.): Im Schatten der Mauer. Dokumente: 12. August bis 29. September 1961. Berlin 1990.
25 Die innerdeutsche Grenze ..., S. 18f.
26 Filmer, Werner; Schwan, Heribert: Opfer der Mauer. Die geheimen Protokolle des Todes. München 1991, S. 73ff.
27 Koop: »Den Gegner vernichten« ..., S. 491f.
28 Ebenda, S. 187.
29 Wenzel, Otto: Kriegsbereit. Der Nationale Verteidigungsrat der DDR 1960 bis 1989. Köln 1995, S. 58, 184f.
30 Der Spiegel 33/1995, S. 58.
31 Koop: »Den Gegner vernichten« ..., S. 586.
32 Forster, Thomas M.: Die NVA – Kernstück der Landesverteidigung der DDR. 5. Aufl., Köln 1979, S. 161.
33 Die innerdeutsche Grenze ..., S. 57; Stichwort: Innerdeutsche Beziehungen. In: DDR-Handbuch, Bd. 1 (A–L), hrsg. vom Bundesministerium für innerdeutsche Beziehungen. 3. Aufl., Köln 1985, S. 634f.
34 Die innerdeutsche Grenze ..., S. 57; Stichwort: Innerdeutsche Beziehungen ..., S. 635.
35 Wenzel: Kriegsbereit ..., S. 188.
36 Koop: »Den Gegner vernichten« ..., S. 587.
37 Berghoff: Zur Entstehung der Grenzpolizei ..., S. 38.
38 Abgedruckt in Koop: »Den Gegner vernichten« ..., S. 414ff.
39 Befehl Nr. 14 vom 19.11.1948, abgedruckt in: Ebenda, S. 425.
40 Vgl. z.B. die Prosawerke des Zirkels schreibender Grenzsoldaten des Kommandos der Grenztruppen 1967ff.
41 Hanisch: Die Grenzpolizei ..., S. 491.
42 Koop: »Den Gegner vernichten« ..., S. 580.
43 Polizeiverordnung über die Einführung einer besonderen Ordnung an der Demarkationslinie, MfS, vom 27. Mai 1952, abgedruckt in: Die Sperrmaßnahmen ..., S. 88f.
44 Zeittafel ..., S. 22.
45 Vgl. Freiwillige Helfer der Grenztruppen – Augen und Ohren im Hinterland. In: Koop, Volker: Ausgegrenzt. Der Fall der DDR-Grenztruppen. Berlin 1993, S. 34ff.
46 Abgedruckt in: Koop: »Den Gegner vernichten« ..., S. 434ff.
47 Mitten in Deutschland ..., S. 9ff.
48 Abgedruckt in: Barm, Werner: Totale Abgrenzung. Zehn Jahre unter Ulbricht, Honecker und Stoph an der innerdeutschen Grenze. Stuttgart 1971, S. 225ff.
49 Abgedruckt in: Koop: »Den Gegner vernichten« ..., S. 493ff.
50 Ebenda, S. 209ff.
51 Ebenda, S. 184f.
52 Ebenda, S. 186.
53 Unter »Vernichten« konnte auch das Töten des Grenzverletzers verstanden werden.
54 Vgl. dazu die Fälle/Opfer bei Filmer/Schwan: Opfer der Mauer ..., S. 73ff.
55 Zeittafel ..., S. 24.
56 Forster, Thomas M.: Die NVA – Kernstück der Landesverteidigung der DDR. 4. Aufl., Köln 1972, S. 141f.
57 Koop: Ausgegrenzt ..., S. 127.
58 Bundesarchiv-Militärarchiv VA-01/39511, Bl. 4.
59 Abgedruckt in: Koop: »Den Gegner vernichten« ..., S. 212ff.
60 Ebenda, S. 212.
61 Sauer, Heiner; Plumeyer, Hans-Otto: Der Salzgitter Report. Esslingen, München 1991, S. 92ff.
62 Bundesarchiv-Militärarchiv VA-01/39509, Bl. 8.
63 Vgl. Faksimile-Abdruck in: Neues Deutschland vom 5.5.1996, S. 12.
64 Dietmar Mann (Uxa), ehemaliger Oberstleutnant der DDR-Grenztruppen, in persönlichen Anmerkungen aus dem Jahre 1986/87 (Manuskript; im Besitz des Verfassers).
65 Ebenda.
66 Vgl. DV 18/8, Ziffer 152ff.
67 Abgedruckt in: Filmer/Schwan: Opfer der Mauer ..., S. 61.
68 Neue Zeit vom 30.6.1990, S. 5.
69 Erklärung von Fritz Streletz vor Gericht am 14.12.1992, abgedruckt in: Richter, Peter: Kurzer Prozeß. Honecker & Genossen – Ein Staat vor Gericht? Berlin 1993, S. 222ff., 225f.
70 Neues Deutschland vom 22.4.1993, S. 3.
71 Fritz Streletz in: Richter: Kurzer Prozeß ..., S. 223.
72 Nach Grenztruppenakten in: Schultke, Dietmar: Die »sozialistische« Grenze der DDR. Verhalten eines totalitären Staates zur Sicherung seiner gesellschaftlichen Existenz. Diplomarbeit an der Universität Duisburg, Dezember 1996, S. 26.
73 Hinweise für Bürger, hrsg. vom Ministerium für Nationale Verteidigung – Grenztruppen der DDR. Faksimile-Abdruck in: Thüringer Alternative. Zeitung der Landtagsfraktion von Bündnis 90/Die Grünen/Neues Forum, Oktober 1992, S. 2.
74 Paßkontroll-Einheiten: Die Stasi-Truppe in Grenzeruniform. In: Koop: Ausgegrenzt ..., S. 30ff.; Suckut, Siegfried (Hrsg.): Das Wörterbuch der Staatssicherheit. Berlin 1996, S. 150ff. (Stichworte: Grenzgebiet, Grenzübergangsstelle).
75 Der Spiegel 51/1994, S. 177.
76 Erich Honecker gegenüber der österreichischen Presseagentur (APA) in: Neues Deutschland v. 6.10.1983, S. 2.

77 Vgl. Müller, Christine; Müller, Bodo: Über die Ostsee in die Freiheit. Dramatische Fluchtgeschichten. Bielefeld 1992.

78 Gerlach, Vinzenz: Geteilt, aber noch immer eng verbunden: Das Eichsfeld. In: Städte und Landschaften ..., S. 5ff.; Die innerdeutsche Grenze ..., S. 23.

79 Knopf, Otto: Ein geteiltes Dorf: Mödlareuth. In: Städte und Landschaften ..., S. 46ff.

80 Die innerdeutsche Grenze ..., S. 45ff.

81 Kopper, Christoph: Zonenrandförderung und Verkehrspolitik im bundesdeutschen Grenzgebiet. Das Beispiel Niedersachsen. In: Weisbrod, Bernd (Hrsg.): Grenzland. Beiträge zur Geschichte der deutsch-deutschen Grenze. Hannover 1993, S. 95ff., 107.

82 Ebenda, S. 107.

83 Holtmann, Everhard: Aspekte und Probleme des westostdeutschen Verwaltungstransfers. In: Ebenda, S. 110ff., hier S. 111.

84 Abgedruckt in: Schacht, Ulrich: Gewissen ist Macht. München 1992.

85 Dau, Günter: Zu Rechtsgrundlagen und gesetzlichen Voraussetzungen für die Aufgabenwahrnehmung des Grenzschutzes der DDR. In: Für eine sichere Zukunft, hrsg. vom BGS-Verband und GS-Verband der DDR, Ausg. 1990, S. 14f.

86 Koop: Ausgegrenzt ..., S. 57.

87 Abgedruckt in: Ablaß, Werner E.: Zapfenstreich. Von der NVA zur Bundeswehr. Düsseldorf 1992, S. 168.

88 Giordano, Ralph: »Hier war ja Schluß ...« Was von der deutsch-deutschen Grenze geblieben ist. Mit Fotos von Josef Kaufmann. Hamburg 1996, S. 75.

89 Aus der Erklärung, abgedruckt in: Koop: »Den Gegner vernichten« ..., S. 384ff., hier S. 385.

90 Ebenda, S. 387.

91 Ebenda, S. 388.

92 Vgl. ebenda, S. 11ff.

93 Hirtschulz, Stefan U.; Lapp, Peter J. (unter Mitwirkung von Uxa, Dietmar): Das Grenzregime der DDR. In: Kuhrt, Eberhard (Hrsg.): Am Ende des realen Sozialismus. Beiträge zu einer Bestandsaufnahme der DDR-Wirklichkeit in den 80er Jahren, Bd. 1. Leverkusen 1996, S. 191 (Quelle: BStU, HA VI-1308, Bl. 27).

94 Alle folgenden Tabellen wurden von der »Arbeitsgemeinschaft ›13. August‹« zur Verfügung gestellt

95 Quelle: Der Bundesminister des Innern.

96 Wird seit 1989 nicht mehr erhoben.

97 Seit Ende Oktober 1985 vollständig ausgebaut.

98 Höchststand am 31.08.83: ca. 60.000 Selbstschußanlagen auf 439,5 km.

99 Seit Ende November 1984 vollständig ausgebaut.

100 Wird nicht mehr erhoben, da durchgängig befestigt.

101 Bogenlampen

102 Quelle: Der Polizeipräsident von Berlin.

103 Grundstücksmauer auf dem Gelände der Firma Bergmann Borsig.

104 Von 1963 bis 1978 nicht gesondert, sondern unter »Flüchtlinge« registriert. Insgesamt wurden 33.775 Personen freigekauft.

105 Ab 13. August 1961.

106 Davon 5.043 nach Berlin (West). 1989 wurden in Berlin 32 Sperrbrecher registriert (enthalten in der für 1989 genannten Gesamtzahl).

107 Gesamtzahl; »Flüchtlinge« etc. nicht gesondert registriert.

Literaturverzeichnis

Ablaß, Werner E.: Zapfenstreich. Von der NVA zur Bundeswehr. Düsseldorf 1992.

Barm, Werner: Totale Abgrenzung. Zehn Jahre unter Ulbricht, Honecker und Stoph an der innerdeutschen Grenze. Stuttgart 1971.

Berliner Mauer. Gedenkstätte, Dokumentationszentrum und Versöhnungskapelle in der Bernauer Straße, Berlin 1999

Der Bau der Mauer durch Berlin. Die Flucht aus der SBZ und die Sperrmaßnahmen des kommunistischen Regimes vom 13. August 1961 in Berlin. Faksimilierter Nachdruck der Gedenkschrift von 1961, hrsg. vom Bundesministerium für innerdeutsche Beziehungen. Bonn 1986.

Bennewitz, Inge; Potratz, Rainer: Zwangsaussiedlungen an der innerdeutschen Grenze. Analysen und Dokumente. Berlin 1994.

Benz, Wolfgang: Potsdam 1945. Besatzungsherrschaft und Neuaufbau im Vier-Zonen-Deutschland. 2. Aufl., München 1992.

Berghoff, Kurt: Zur Entstehung der Grenzpolizei im Osten Deutschlands im Jahre 1946. In: Militärgeschichte 8(1969)1.

Birke, Adolf. M.: Nation ohne Haus. Deutschland 1945–1961. Berlin 1989.

Cate, Curtis: Riss durch Berlin. Der 13. August 1961. Hamburg 1980.

DDR-Handbuch, hrsg. vom Bundesministerium für innerdeutsche Beziehungen. 3. Aufl., Köln 1985.

Dokumente des geteilten Deutschland, hrsg. von Ingo von Münch, 2.Aufl., Stuttgart 1976

Dokumente der Wiedervereinigung Deutschlands, hrsg. von Ingo von Münch, Stuttgart 1991

Dokumente zur Berlin-Frage 1944–1962. 2. Aufl., München 1962.

European Advisory Commission. Foreign Relations of the United States. Diplomatic Papers 1944, Bd. 1. Washington D.C. 1966.

Filmer, Werner; Schwan, Heribert: Opfer der Mauer. Die geheimen Protokolle des Todes. München 1991.

Forster, Thomas M.: Die NVA – Kernstück der Landesverteidigung der DDR. 4. Aufl., Köln 1972, 5. Aufl., Köln 1979.

Für eine sichere Zukunft, hrsg. vom BGS-Verband und dem GS-Verband der DDR, Ausgabe 1990.

Giordano, Ralph: »Hier war ja Schluß ...« Was von der deutschdeutschen Grenze geblieben ist. Mit Fotos von Josef Kaufmann. Hamburg 1996.

Glaser, Günther (Hrsg.): »Reorganisation der Polizei« oder getarnte Bewaffnung der SBZ im Kalten Krieg? Frankfurt/M. 1995.

Hanisch, Wilfried: Die Grenzpolizei bei der revolutionären Umgestaltung bis zur Gründung der DDR. In: Militärgeschichte 13(1974)4.

ders.: Vom schweren Anfang. Beiträge zur Geschichte der Grenztruppen der DDR, H. 1 (1945–1949). o.J. (1986).

ders.: Für den Schutz der Staatsgrenze der jungen Republik. Beiträge zur Geschichte der Grenztruppen der DDR, H. 2 (1949–1961). o.J. (1988).

Hinweise für Bürger, hrsg. vom Ministerium für Nationale Verteidigung – Grenztruppen der DDR. Faksimile-Abdruck in: Thüringer Alternative. Zeitung der Landtagsfraktion von Bündnis 90/Die Grünen/Neues Forum, Oktober 1992.

Die innerdeutsche Grenze, hrsg. vom Bundesminister für innerdeutsche Beziehungen. Bonn 1987.

Kleßmann, Christoph: Die doppelte Staatsgründung. Deutsche Geschichte 1945–1955. Göttingen 1982.

Koop, Volker: Ausgegrenzt. Der Fall der DDR-Grenztruppen. Berlin 1993.

ders.: »Den Gegner vernichten«. Die Grenzsicherung der DDR. Bonn 1996.

Kopp, Fritz: Chronik der Wiederbewaffnung in Deutschland. Daten über Polizei und Bewaffnung 1945–1962. Köln o.J. (1958).

Kuhrt, Eberhard (Hrsg.): Am Ende des realen Sozialismus. Beiträge zu einer Bestandsaufnahme der DDR-Wirklichkeit in den 80er Jahren, Bd. 1. Leverkusen 1996.

Mehls, Hartmut (Hrsg.): Im Schatten der Mauer. Dokumente: 12. August bis 29. September 1961. Berlin 1990.

Mitten in Deutschland – Mitten im 20. Jahrhundert. Die Zonengrenze, hrsg. vom Bundesministerium für Gesamtdeutsche Fragen. 9. Aufl., Bonn, Berlin 1965.

Müller, Christine; Müller, Bodo: Über die Ostsee in die Freiheit. Dramatische Fluchtgeschichten. Bielefeld 1992.

Rehlinger, Ludwig A.: Freikauf. Die Geschäfte der DDR mit politisch Verfolgten 1963–1989. Berlin, Frankfurt/M. 1991.

Richter, Peter: Kurzer Prozeß. Honecker & Genossen – Ein Staat vor Gericht? Berlin 1993.

Rühle, Jürgen; Holzweißig, Gunter: 13. August 1961. Die Mauer von Berlin. 2. Aufl., Köln 1986.
Sauer, Heiner; Plumeyer, Hans-Otto: Der Salzgitter Report. Esslingen, München 1991.
SBZ-Handbuch, hrsg. von Martin Broszat und Hermann Weber. München 1990.
Schacht, Ulrich: Gewissen ist Macht. München 1992.
Schultke, Dietmar: Die »sozialistische« Grenze der DDR. Verhalten eines totalitären Staates zur Sicherung seiner gesellschaftlichen Existenz. Diplomarbeit an der Universität Duisburg, Dezember 1996.
Die Sperrmaßnahmen der DDR vom Mai 1952. Die Sperrmaßnahmen der Sowjetzonenregierung an der Zonengrenze und um Westberlin. Faksimilierter Nachdruck des Weißbuches von 1953, hrsg. vom Bundesministerium für innerdeutsche Beziehungen. Bonn 1987.
Städte und Landschaften an der innerdeutschen Grenze. Sonderdruck der Texte zum Kalender 1984 des Gesamtdeutschen Instituts, Bonn 1984 (Redaktion: Hermann Rudolph)
Suckut, Siegfried (Hrsg.): Das Wörterbuch der Staatssicherheit. Berlin 1996.
Weisbrod, Bernd (Hrsg.): Grenzland. Beiträge zur Geschichte der deutsch-deutschen Grenze. Hannover 1993.
Wenzel, Otto: Kriegsbereit. Der Nationale Verteidigungsrat der DDR 1960 bis 1989. Köln 1995.
Wetzlaugk, Uwe: Die Alliierten in Berlin. Berlin (West) 1988.
Zeittafel zur Geschichte der Grenztruppen der DDR. In: Militärwesen 30(1986)11.

Bildnachweis

Neben den Aufnahmen von Jürgen Ritter stellten folgende Archive und Personen Abbildungen zur Verfügung:

Agentur Rondholz: S. 96
Archiv der Autoren: S. 32 u., 42, 51, 71, 76, 78, 106, 118, 119
Archiv des Verlages: S. 17, 46, 47
Bundesarchiv Koblenz: S. 14, 15, 16, 26, 27, 28, 31
Landesbildstelle Berlin: S. 20 o., 21, 32 o.

Friedrich Guskau (Danneberg): S. 53 o.
Horst Helbing (Bodenteich): S. 43
Heinz Karstädt (Jelmstorf): S. 23
Ludwig König (Uelzen): S. 19
Lothar Lienicke (Hamburg): S. 74 o.
Hans-Joachim Meyer (Stederdorf): S. 52, 55, 65 o., 66 li.
Uwe Neumärker (Berlin): S. 79 u.
Wilfried Rhau (Uelzen): S. 24 li., 54 o.
Dietrich-Wilhelm Ritzmann (Schnega): S. 65 u., 70 o.
Rolf Schubert (Böddenstedt): S. 41, 77 mi.
Lori Seidel (Tripkau): S. 29
Waltraut Urbansky (Gartow): S. 50, 53 u.
Friedhelm Warnecke (Westerweihe): S. 54 u.
Wilfried Wentzensen (Uelzen): S. 20 u., 24 re.

Register geographischer Namen und Orte

Die kursiv gesetzten Seitenangeben beziehen sich auf Abbildungen.

Angaben zu den Autoren

Jürgen Ritter

Jahrgang 1949, aufgewachsen in Niedersachsen, Ausbildung als Elektroinstallateur, seit 1980 als Fotograf tätig; Aufbau einer Fotodokumentation zur innerdeutschen Grenze mit über 40.000 Motiven. Fotoausstellungen im In- und Ausland; zahlreiche Veröffentlichungen in Tageszeitungen, Illustrierten und Buchanthologien. Buchveröffentlichungen:

»Nicht alle Grenzen bleiben« (gemeinsam mit Ulrich Schacht), Dortmund 1989;

»Archipel des Lichts«, Dortmund 1992;

»Von Spitzbergen nach Franz-Josef-Land«, Dortmund 1993.

Peter Joachim Lapp

Jahrgang 1941, aufgewachsen in Ost- und Westdeutschland, kaufmännische Lehre, 1960-64 politischer Häftling in der DDR, Entlassung in die Bundesrepublik, Studium der Politikwissenschaft, des öffentlichen Rechts und der Soziologie in Hamburg, Dr. rer. pol., 20 Jahre Redakteur im Deutschlandfunk Köln, zehn Jahre Lehrbeauftragter an der Universität Köln; zahlreiche Buchveröffentlichungen, u.a. zum politischen System und zu den Grenztruppen in der DDR, zuletzt erschienen:

»Gefechtsdienst im Frieden – Das Grenzregime der DDR«, Bonn 1999;

»Ulbrichts Helfer. Wehrmachtsoffiziere im Dienste der DDR«, Bonn 2000.